2018 年度国家民委民族研究项目《西方国家治理宗教极端主义的理论与对策研究》（2018-GMB-062）研究成果

西方国家治理宗教极端主义的理论与对策研究

刘 莹 著

群 众 出 版 社
·北 京·

图书在版编目（CIP）数据

西方国家治理宗教极端主义的理论与对策研究 / 刘莹著 . —北京：群众出版社，2019. 12

ISBN 978-7-5014-6009-0

Ⅰ.①西… Ⅱ.①刘… Ⅲ.①宗教—问题—研究—西方国家 Ⅳ.①B928.5

中国版本图书馆 CIP 数据核字（2019）第 205678 号

西方国家治理宗教极端主义的理论与对策研究

刘　莹　著

出版发行：群众出版社
地　　址：北京市丰台区方庄芳星园三区 15 号楼
邮政编码：100038
经　　销：新华书店
印　　刷：三河市荣展印务有限公司

版　　次：2019 年 12 月第 1 版
印　　次：2019 年 12 月第 1 次
印　　张：9. 25
开　　本：787 毫米×1092 毫米　1/16
字　　数：147 千字

书　　号：ISBN 978-7-5014-6009-0
定　　价：45. 00 元

网　　址：www.qzcbs.com
电子邮箱：qzcbs@ sohu.com

营销中心电话：010-83903254
读者服务部电话（门市）：010-83903257
警官读者俱乐部电话（网购、邮购）：010-83903253
公安综合分社电话：010-83901870

前　言

宗教极端主义并不是新兴的现象或名词，但西方国家意识到宗教极端主义的危害则始于国际恐怖主义。1993 年美国纽约世贸中心地下车库遭到爆炸袭击，这一事件使美国执政当局首次意识到宗教极端主义的危害。同年，一位资深美国学者在其著作的序言中首次使用“宗教极端主义”一词。[①]

宗教极端主义与恐怖主义的结合源远流长。当代恐怖主义的基本特征是以宗教话语和旗帜动员其恐怖能量。“9·11”事件后全球发生的重大恐怖袭击，几乎都是宗教恐怖主义袭击。[②] 宗教极端型恐怖主义已经成为西方国家所面临的最主要和最活跃的恐怖威胁。

进入后“9·11”时代，国际恐怖分子在海外策划和发动针对西方国家的袭击机会变得十分有限，航空安全、移民管制、广泛的情报收集和日益警惕的民众使另一个“9·11”袭击几乎没有可能。但是，随之而来的本土“圣战”恐怖主义威胁则更加难以预料和阻止。

自 2004 年马德里列车爆炸案与 2005 年伦敦恐怖袭击案开始，英国、荷兰、比利时、美国、法国等西方国家相继遭受了一系列由穆斯林极端分子实施的恐怖袭击。这些恐怖分子不是外国人或者新近移民，而是土生土长的西方公民，却以“圣战”为名袭击本国公民，制造恐慌，他们造成的威胁更具有破坏性。作为对本土“圣战”恐怖袭击的回应，西方国家开始重视宗教极端主义的危害并陆续推出了“圣战”激进化的治理对策。[③]

---

① 吴云贵：《当代宗教极端主义简论》，载《世界宗教研究》2017 年第 2 期，第 2 页。

② 张金平：《当代恐怖主义与反恐怖策略》，时事出版社 2019 年版，第 32 页。

③ 西方国家治理的直接对象不是宗教极端主义，而是导致本土“圣战”的激进化问题，前者是引发后者的意识形态因素。

根据西方主流学术观点，激进化①至少需要结合三个要素：一个被不满情绪异化的个体、一种被合法化的极端主义意识形态和一个有利于激进化的环境——尽管这些要素对催生激进化的作用程度并不一致。西方国家对激进化的治理实践也充分印证了上述观点：通过严格的反恐立法控制被异化的个体，通过有针对性地干预与教育重塑正确的意识形态；通过建立和加强社区参与消除有利于激进化的客观环境。

近十年来，反激进化或去激进化策略在许多西方国家（如英国、荷兰、丹麦、德国）起到了明显作用。有针对性的干预措施、热线电话、职业培训和教育、咨询和劝退（Exit Programs）被认为是重塑和恢复极端化个体的重要工具。尽管各国政府采取的治理措施不尽相同，但采取一定程度的“柔性”措施来预防、干预本国穆斯林投身“圣战”恐怖活动，已经在某种程度上成为一种共识。

西方国家中具有代表性的三个国家：英国、美国、法国依据各自不同的文化背景与法律传统，形成了较为典型的治理模式；在运用“柔性”或“刚性”干预措施方面，各有侧重；对形成或脱离激进化的认识标准上也不尽相同。在宗教极端主义对我国特别是新疆地区的社会稳定和长治久安形成现实和潜在威胁的背景下，西方国家治理激进化的理论成果与实践经验可以为我国参考和借鉴。

刘　莹

2019 年 10 月

① 我国学界常用的极端化、去极端化等术语，在西方国家通常用为激进化、去激进化（文法依据参考第一章）。本课题以西方国家为研究对象，研究与引用多为国外原文资料，因此沿用西方国家的表达方式。

目　录

第一章 西方语境下基本概念的厘清

宗教极端主义是一种打着宗教旗号的极端主义思潮，它背离了宗教的历史、传统和秩序，是被异化的宗教。自“9·11”恐怖袭击以来，恐怖主义和宗教极端主义占据了西方学界许多研究者的视野。学者们从宗教学、政治学、社会学、法学等视角对宗教极端主义和恐怖主义展开深入的研究。与之相关的术语不断出现，纷繁复杂：极端主义、激进主义、“圣战”主义、暴力恐怖主义……2005年继英国伦敦地铁爆炸案之后，荷兰、比利时、法国、美国等西方国家相继遭遇本土“圣战”恐怖袭击，再一次掀起了研究宗教极端型恐怖主义的热潮。

基于上述主题，西方国家的相关术语与我国学界存在一些差别，如西方没有去极端化一词，但有去激进化或反激进化。即使在西方语境中，语言、文化及法系的差异，不同的术语可能表达相同的含义，如欧洲的激进主义或极端主义在美国则被等同于暴力极端主义。因此，有必要对一些本书涉及的基本概念加以界定和厘清。

一、西方社会的极端主义形态

极端主义（Extremism）一词源于西方。在西方语境下，凡是系统的思想观点或主张，皆可称为“主义”[①]。极端主义本质上是一种观念性的意识形态，基于不同的意识形态动机，西方学界将极端主义分为三种主要形态。

第一类：宗教极端主义。宗教极端主义，是指用极端主义的观点对宗教教义和宗教历史文化传统予以随意性的解释，以达到某种政治功利主义的目的。与上述极端主义不同的是，宗教极端主义是在宗教外衣下，对某个宗教的经典或教义，断章取义或从极端的方面加以引申、夸

① 吴云贵：《当代宗教极端主义简论》，载《世界宗教研究》2017年第2期，第3页。

张和曲解，并在此基础上从事公开的或秘密的危害社会的活动。[①]

宗教极端主义不是某一特定宗教的特有现象。事实上，不仅在伊斯兰教中存在极端主义，在基督教、犹太教、印度教及其他宗教中同样存在着极端主义。例如，1995 年行刺以色列总理拉宾的凶手——以色列巴伊兰大学学生、全国宗教党成员阿米尔在法庭上宣称，他这么做是依照犹太教教义，"奉上帝之命"来杀死出卖犹太人领土的"叛徒"。显然阿米尔的行为代表了犹太教极端主义者的立场。美国"雅利安民族党""秩序党"等宗教极端组织，宣传"基督教白人至上"，打着宗教的旗号大肆从事谋杀、爆炸等暴力活动。[②] 此外，还有以邪教组织形式表现出来的宗教极端主义，以"新型宗教""宗教狂人"的面目进行活动，英、美、法等西方国家均有数百个邪教组织。例如，美国的"人民圣殿教"、法国的"太阳圣殿教"、日本的"奥姆真理教"等，皆以世界末日论恐吓信奉者，或以教主奇迹蒙骗追随者，加害组织成员。[③]

与其他传统宗教相比，伊斯兰教是社会性、政治性特征尤为显著的宗教。伊斯兰复兴论者坚称，伊斯兰既是国家也是宗教，宗教与政治无从分割。与其他宗教极端主义相比，伊斯兰极端主义显得更为活跃、更为突出。早期的伊斯兰极端组织[④]人数不多，只在本国境内活动，一般没有国际背景和国际联系。[⑤] 随着世界经济全球化的发展，伊斯兰宗教极端主义的活动范围已经超出中东和北非等传统地区，日益显现出全球性倾向，其中又以恐怖主义为最，对国际社会的安全构成严重威胁。[⑥] "9·11"恐怖袭击之后，伊斯兰极端主义被西方视为恐怖主义的主要意识根源。

第二类：种族极端主义。这是建立在种族主义基础上的极端主义，以"种族至上"作为思想基础，表现为"黑人分离主义"和"白人民族主义"，在欧洲和美国具有久远历史，如新纳粹党、新黑豹党、三 K

---

① 金宜久：《伊斯兰与国际政治》，中国社会科学出版社 2013 年版，第 224 页。

② 陈杰军、徐晓天：《析宗教极端主义及其对国家安全的危害》，载《江南社会学院学报》2006 年第 3 期，第 5–10 页。

③ 金宜久：《伊斯兰与国际政治》，中国社会科学出版社 2013 年版，第 226–227 页。

④ 如埃及的穆斯林兄弟会。

⑤ 吴云贵：《当代宗教极端主义简论》，载《世界宗教研究》2017 年第 2 期，第 4 页。

⑥ 金宜久：《伊斯兰与国际政治》，中国社会科学出版社 2013 年版，第 225 页。

党等。例如，成立于1865年的三K党主要倡导“白人至上主义和白人民族主义”，也包括反犹太教、反天主教、反移民的思想，其活动地点横跨美国南部各州和北部五大湖区。近年来，三K党的会员人数激增，因为“9·11”恐怖袭击使得美国各地的白人至上主义组织更容易招募到“新兵”。①

种族主义在西方社会得以死灰复燃，与社会经济形势密切相关。萧条的经济、大量的失业，导致部分人群被主流社会疏离，白人在自己的家园产生了被“少数化”的恐惧。② 在希腊，近年的纳粹运动数量显著增加，出现了以“金色黎明”为代表的极端主义政党。③ 希腊年轻人的失业率超过62%，他们在很大程度上将问题归因于不断增长的移民人口对其就业形成的竞争。美国白人的少数化问题也是极端主义组织用以招募的有效“工具”，如“白人权利光头党”，④ 这些极端组织充斥着贬低少数族裔尤其移民的意识形态。⑤ 尽管它们并非根植于宗教，却利用“9·11”恐怖袭击顺应其意识形态目标，试图效仿伊斯兰极端分子的成功，借力于宗教狂热的运动力量。

第三类：问题取向极端主义。以问题为取向的极端主义，其意识形态是基于对某个单一问题的不满，但与种族极端主义与宗教极端主义一致的是，其社会行为表现为暴力或恐怖活动。典型的问题取向极端主义包括分裂主义，如20世纪发生北爱尔兰分裂势力在英国实施多起恐怖活动；也包括反政府主义，如美国的“主权公民”组织。这个极端组织主张不受美国联邦、州和地方的法律约束，拒绝承认法院的权威，部

---

① Stormfront website（30 January 2002）. KKK sees surge in recruitment following 9/11，state leader says.

② Flock，Elizabeth（4 June 2013）. Lawmakers：Neo-Nazi Movements Resurging in U. S.，Europe. U. S. News.

③ “金色黎明”是希腊一个右翼极端主义政党，其成员不乏新纳粹党，并在议会中占有席位。“金色黎明比以往任何时候都变得更具侵略性、更危险、更受欢迎。”

④ 最初的光头亚文化出现在20世纪60年代的欧洲，且与白人民族主义或新纳粹意识形态没有联系。随着“光头”运动在全世界的蔓延，到20世纪80年代其在美国兴起，为了挑起种族战争而从事暴力行为，攻击移民、亵渎犹太教堂。自“9·11”事件以来，死亡人数不断增加。

⑤ Southern Poverty Law Center. League of the South. Intelligence Files.

分成员甚至认为其可以利用武装力量来抵抗警察执法。[①]

基于分裂主义、反政府主义意识形态的极端主义，因其具有明显的“政治动机”，通常被认为是恐怖主义。还有一些以恐怖暴力为手段的极端主义，如反堕胎、环保极端主义等，因不具有“政治动机”，对其恐怖主义性质尚存争议，可将其概括为非典型性问题取向极端主义。20世纪80年代以来，美国的反堕胎运动者们开始对堕胎诊所实施暴力袭击，爆炸、纵火、枪杀。进入21世纪，炭疽病威胁信件则成为主流袭击方式，至此，美国才认为炭疽袭击是恐怖主义行为。[②] 环保极端主义出现在近20年来，美国的动物解放阵线（ALF）和地球解放阵线（ELF），为了完成其“使命”也从事着危险的暴力活动。2004年，ALF的行动报告声称有17262只动物被其“解放”，554起破坏、毁坏和纵火行为被执行。美国联邦调查局表示“特殊利益极端主义”，如ALF和ELF，是一种“严重的恐怖主义威胁”[③]。因此，环保极端主义也被称为生态恐怖主义或生态环境恐怖主义。

二、宗教极端主义与恐怖主义

宗教极端主义的实质，是宗教干预政治。当代宗教极端主义干预政治，不仅要操控政府，还要颠覆现代社会政治的基本理念、准则，妄图建立以宗教极端主义为基础的政权，这些理念及目标与恐怖主义是一致的。[④]

恐怖主义，很少有其他的词语比它更具感情色彩或政治意味。即使进入后“9·11”时代，恐怖主义的定义仍然让西方学者们感到困惑。人们普遍认为恐怖主义是不好的，与不可接受的犯罪行为有关。然而，恐怖主义背后隐藏的悠久历史是造成其难以统一界定的根源。恐怖主义这个词源于法国，最初用来形容罗伯斯庇尔在法国大革命时期的“恐怖统治”。罗伯斯庇尔利用恐怖主义作为国家安全战略，采用广泛的监

---

① 自2000年该组织杀害了6名美国执法人员。FBI website（2011）. Sovereign Citizens A Growing Domestic Threat to Law Enforcement. FBI Counterterrorism Analysis Section.

② Pozner, Jennifer（8 October 2006）. Media Ignore Anti-Abortion Terrorists: WIMN op-ed in Newsday.

③ Anti-Defamation League. Radical animal rights magazine issues 2004 “Direct Action” report.

④ 张金平：《当代恐怖主义与反恐怖策略》，时事出版社2019年版，第54-55页。

视、威胁和酷刑来阻止国家处于无政府状态。

虽然在西方历史上，恐怖主义始于国家支持的活动，但在现代词汇中，恐怖主义更常用于个人或非政府组织的行动。由于恐怖主义行为不仅受政治因素的影响，还受宗教、社会、心理因素的影响，西方学术界对其定义也从未一致。但是，概括大多数定义可以认为恐怖主义至少具备以下三个方面的特征：其一，行为本质是使用或威胁使用暴力。实际的或潜在的暴力会导致恐怖主义的一个重要结果：恐惧。民众普遍认为他们的政府有能力保护他们，而暴力活动却动摇了社会对政府的支持，动摇了政府的政策，对暴力的恐惧如同暴力本身一样有效影响了政府。其二，行为目标是平民。在国际人道主义语境中，平民包括执法人员在内的非国家武装部队成员。由于个人误入暴力政治活动区域以外而造成平民伤亡的活动不一定是恐怖主义。其三，行为具有政治性。恐怖主义力求实现特定的意识形态目标或政治期望，这些目标和期望可能集中于种族、宗教、民族等优先权问题，而每种意识形态都隐含着一种政治倾向。因此，从本质上来说，恐怖主义也是政治性的。①

极端主义被认为是恐怖主义行为的主要特征和意识形态上的特征。美国学者马丁认为："观念激进的特征，尤其在政治问题上，表现为对对立利益和不同意见的不容忍"②。当个人或团体通过暴力或呼吁暴力公开表达其意识形态信仰时，暴力极端主义就出现了。当然，尽管极端主义可能是恐怖主义的前兆，但意识形态信仰却不能独立地达到恐怖主义行为的"门槛"。恐怖主义组织和极端主义组织的明显区别在于：只要极端组织不明确支持暴力，其信仰和意识形态就不会受到国家的干预。

在"9·11"恐怖袭击之后，虽然世界各地的穆斯林都拒绝极端主义运动，西方绝大多数穆斯林也没有加入或支持伊斯兰激进组织的派别，但伊斯兰教仍被视为恐怖主义暴力的内在因素。穆斯林身份背后的极端主义组织原则，是一种认为"西方"（美国和欧洲）与伊斯兰世界

---

① ［美］L. 纳克斯著：《反恐原理》，陈庆等译，社会科学文献出版社 2016 年版，第 29-35 页。

② Martin, G. (2011). Terrorism and Homeland Security. SAGE Publications, Thousand Oaks, California, p. 4.

（穆斯林占多数人口的国家）之间存在掠夺性关系的世界观[①]。与其他极端组织不同，穆斯林身份的拥护者通常不是一个有凝聚力的群体，但西方世界与伊斯兰教的二分法却使其产生了共同的思想基础，其思想框架的核心就是“圣战”[②]。对于“圣战”一词，下文将有详细阐释。

当代号召对非穆斯林发动“圣战”的代表性人物赛义德·库特布将世界划分为两大阵营：伊斯兰教和任何未严格按照伊斯兰教义建立的制度，他宣称，所有的穆斯林都有义务在战斗中拿起武器……在一些非伊斯兰国家启动伊斯兰教复兴运动，这个运动可以树立一个榜样，随着这个榜样的普及和流行，伊斯兰教将最终实现其统治世界的命运。[③] 这些思想后来被用来指导当代“圣战”恐怖主义者。本·拉登“基地”组织鼓吹和滥用传统“圣战”概念，使“圣战”观念广泛化、极端化、工具化，“圣战”可以不问对象，不分场合，不择手段，不计后果。这样的“圣战”，是暴力恐怖主义的另一种说法。[④]

三、激进主义与极端主义

在西方国家有关反恐或反暴力极端主义的政策文件与学术著述中，除了“极端主义”之外，也经常会使用“激进主义”这个词汇。在西方语境中，极端主义等同于激进主义，这两个词经常被混用。欧洲国家更多使用激进主义，而美国则更倾向于使用极端主义。

激进主义（Radicalism）的概念源于“激进”（Radical）一词，产生于18世纪法国和美国革命期间，并在19世纪广泛传播。“激进”通常指的是通过社会和政治变革表现出的政治口号。同时，“激进”也可以代表某个政党的极端倾向。在随后的历史中，激进主义的含义发生了许多变化。在19世纪，许多政治党派声称其自身具有“激进”色彩，那时的“激进”代表着提倡共和反对君权。直到19世纪后半期的英国，“激进”都代表着“民主”（Liberal）。19世纪末20世纪初，大多

---

① Ibish, H. (2010). Muslim extremism stems from alienation. The Washington Post.

② Bergen, P. (2011). The Longest War, The Enduring Conflict Between America and Al-Qaeda.

③ ［美］L. 纳克斯著：《反恐原理》，陈庆等译，社会科学文献出版社2016年版，第134-135页。

④ 吴云贵：《当代宗教极端主义简论》，载《世界宗教研究》2017年第2期，第4页。

数激进人士（Radicals）都秉持非暴力活动。可以说在19世纪，“激进”代表着民主、积极的政治主张，当时具有激进色彩的主张已经成为今天社会的主流形态。然而，时至今日，激进伊斯兰主义（Radical Lslamism），则具有完全相反的内涵，它代表着反民主的、反社会的、消极的主张。

由此可见，在西方国家，激进主义通常被等同于极端主义，两者都是与温和的、主流的相对立的形态。如前所述，极端分子的共同特点被概括为意图忽视法治，拒绝社会多元性。学者米德拉斯基在其著作《论政治极端主义的起源》中论述道：政治极端主义体现为具有政治目的权力意志，通常与现存政府的政治意志相悖。① 极端分子试图建立一个基于僵化、教条主义意识形态的同质化社会；他们通过压制所有反对者和征服少数民族，使社会墨守成规。这使他们区别于可以接受多样性并相信理性力量而非教条的激进分子。在民主社会背景下，（暴力）极端主义团体、运动和政党试图实施具有如下特点的政治纲领：其一，反宪法、反民主、反多元主义、独裁；其二，狂热、不宽容、不妥协、民族单一化；其三，拒绝法治；其四，旨在通过任何方式实现其目标，一旦机会成熟，便采用大规模政治暴力对抗反对者。

少数学者则将激进分子与极端分子加以细微的区分。布提歇与马赫（Astrid Bötticher & Miroslav Mares，2012）提出，政治上的左翼或右翼极端分子、宗教激进主义者及民族主义极端分子在争取、维护或捍卫国家权力的斗争中，呈现出如下“偏好”：其一，喜欢使用武力，认为暴力胜过劝说；其二，主张同质性胜过多样性；其三，认为集体目标胜过个人自由；其四，坚持命令胜过对话。虽然激进分子可能是暴力分子，也可能是民主人士，但极端分子绝不是民主人士。他们的思想状态不允许有多样性。他们也积极支持使用武力获取和维持政治权力，尽管他们在公开声明中对此可能含混不清，尤其在他们仍处于弱势地位时。极端主义者通常倾向于“闭关自守”，坚持对世界的单一因果解释，即你要么与他们在一起，要么反对他们。另外，激进派在历史上倾向于更加开放地接受理性和务实的妥协，而不放弃寻找问题根源的探索。激进主义

① Manus I. Midlarsky, Origins of Political Extremism: Mass Violence in the Twentieth Century and Beyond (Cambridge: University Press, 2011), p. 7.

是可以被弥补的——激进的激进分子可以被带回到主流，然而，极端的激进分子则不可能。[①] 在两位学者看来，区分（思想开放的）激进分子和（思想封闭的）极端分子是有意义的。如果这种区分被接受，主要问题不是激进到激进主义（即使它导致某种形式的政治暴力），而是转向极端主义（它积极接受政治暴力，并且可以导致恐怖主义和其他严重行为，如种族灭绝）。

与激进主义密切相关的词是激进化。对于激进化这个概念，西方政府与学界都没有一个统一的界定。2004 年西班牙马德里与 2005 年英国伦敦相继遭到恐怖袭击之后，西方各国政府陆续提出了对激进化的理解和界定。加拿大政府对激进化的界定是：个体受到意识或信念上的影响，驱动其行为从温和转变为极端。激进主义意味着个体已经“准备从事非法的、暴力政治活动”。[②] 丹麦国家安全与情报局（PET）认为激进化是“个体持续接受使用非民主或暴力方式以达到某种政治或意识形态目标的过程”。荷兰国家情报与安全局（AIVD）的界定是：积极追求和/或支持社会中可能对民主法律秩序构成威胁的深远变化——涉及使用非民主方式损害民主的法律秩序。美国国土安全部（DHS）认为激进化是“接受极端主义信仰体系的过程，包括愿意使用、支持或促使暴力作为影响社会变革的方法”。瑞典国家安全局则认为激进化是意识形态或宗教信仰向激进主义转变的过程，同时也是个体或群体为政治目的使用、促进或倡导暴力的过程。[③]

2006 年成立的欧洲委员会“反暴力激进化专家小组（The Expert Group on Violent Radicalisation），在分析激进化发展为暴力，尤其是恐怖主义时，提到“激进化是受到全球的、社会的、政治上的意识及心理因素的驱动形成的”。[④] 该定义实际将激进化等同于暴力激进化，即“社会因素影响下极端主义向恐怖主义的衍变过程”。当时专家们讨论

① Astrid Bötticher & Miroslav Mares, Extremismus. Theorien - Konzepte - Formen (München: Oldenbourg Verlag, 2012), p. 58.

② Mark Sedgwick, “The Concept of Radicalisation as a Source of Confusion”, Terrorism and Political Violence, Vol. 22, No. 4, p. 483.

③ Alex P. Schmid (Ed.), The Routledge Handbook of Terrorism Research (London: Routledge, 2011), p. 13.

④ European Commission's Expert Group on Violent Radicalization, “Radicalization Processes Leading to Acts of Terrorism,” May 15, 2008, p. 7.

的核心问题在于：言语上或行为上的激进化，或言语与行为上都有激进化，或者激进的想法和意识形态就应被视为实施恐怖袭击的前兆吗？学者库塞特（Coolsaet，2011）认为激进化是“难以定义的、复杂且有争议的概念”。[①] 由于现存各种各样激进化的定义及其内涵解释，学者塞德维克（Sedgwick）将激进化的概念称作“困惑之源”，因为激进化一词被广泛地运用于国家安全、宗教和外交政策领域，而所有这些领域都有各自不同的认识和理解。[②]

学者史密德（Alex P. Schmid，2011）博士基于对大量文献的回顾（如下），将激进主义重新定义为：个体或群体通常在政治两极分化的情况下，一方或双方在冲突中放弃对话、妥协和容忍的正常做法，而更倾向于使用对抗性方式的过程。这些方式可以包括：其一，使用（非暴力）压力和胁迫；其二，除恐怖主义以外的各种形式的政治暴力；其三，以恐怖主义和战争犯罪形式表现出的暴力极端主义行为。这一过程通常伴随意识形态社会化，从主流或以现状为导向的立场转向更激进或极端主义的立场，涉及二分法的世界观，接受在主流政治秩序之外的另一个政治观点——现存社会体系是不合理或不合法的。[③] 上述定义比国际组织、西方政府或其他西方学者使用的许多现有的激进主义定义涵盖更多的基础。重要的是，它允许激进主义可以发生在两极分化的政治冲突的任何一方。归根结底，激进主义不仅是一个社会心理学概念，也是一种政治建构，当国家安全机构面临政治伊斯兰教，尤其是萨拉菲斯特“圣战”主义（Salafist Jihadism）时引用这个概念，这一概念被“推动”，以突出西方政府在打击主要来自第二代和第三代“本土”穆斯林恐怖主义所面临的一系列问题。

学者克劳与哈罗（M. Crone & M. Harrow，2011）提道：我们现在应该意识到，激进主义，如恐怖主义，对不同的人来说往往意味着不同的事情，有时也基于不同的政治利益。然而，尽管分歧不仅是语义上

① Counter-radicalization in the United States, in Rik Coolsaet, ed., Jihadi Terrorism and the Radicalisation Challenge（Burlington, VT: Ashgate, 2011）, p. 251.

② Mark Sedgwick, “The Concept of Radicalization as a Source of Confusion,” Terrorism and Political Violence（September 2010）, p. 78.

③ Alex P. Schmid（Ed.）, The Routledge Handbook of Terrorism Research（London: Routledge, 2011）, pp. 78-79.

的，而且在许多情况下是实质性的。[①] 尽管存在某些不确定性，但也有许多事情被广泛认为是对恐怖主义激进主义者的相对完善的认识：第一，大多数恐怖分子从医学角度来看是正常的，尽管他们的行为在道义上被普遍认为是异常的；第二，恐怖分子的背景非常多样；有许多通往恐怖主义的途径，而且没有一种统一的模式；第三，激进化通常是一个渐进的、分阶段的过程；第四，个人贫困本身不会导致对恐怖主义的激进主义，失业则会产生一定作用；第五，对社会的不满和抱怨往往是作为一种煽动或动员激进化的手段，而不是作为一种个人经验；第六，社会网络/环境对于吸引弱势青年参与恐怖活动至关重要；第七，意识形态往往起着重要作用，因为它可以为真正的信徒提供“杀人许可证”；第八，脱离恐怖主义经常发生在没有去激进化的情况下。

四、暴力极端主义

在西方语境中，激进主义和极端主义是紧密相关的概念。西方社会对激进主义和极端主义进行评估的标准包括西方的“核心价值观”，诸如民主、法治、多元主义、政教分离、法律面前人人平等、性别平等、言论自由。许多政府使用“暴力极端分子”一词作为恐怖分子和叛乱分子的准同义词。例如，英国皇家检察署将暴力极端主义定义为“意图煽动、证明或美化恐怖暴力的，以任何方式或媒介表现出的过激行为，包括基于意识形态、政治或宗教信仰引发（恐怖分子或犯罪分子）暴力并滋生导致暴力仇恨的信仰”。

在一些西方政府的政策文件中（如澳大利亚），暴力极端主义的概念经常与恐怖主义、政治暴力和极端暴力互换。西方政府的官方文献和国际文献中经常提到反暴力极端主义的必要性，但没有提供暴力极端主义构成的实际定义。暴力极端主义、政治暴力、政治恐怖主义和恐怖主义这几个术语已经互换使用。因此，仅从这个视角来看，西方政府并没有将暴力极端主义和恐怖主义作出清楚明晰的区分，事实上，这仍然是一个不断发展的概念。此外，在大量有关恐怖主义的官方文献中，还有一种倾向，即将激进主义等同于极端主义，并将两者都等同于恐怖主

① M. Crone & M. Harrow，“Homegrown Terrorism in the West”，Terrorism and Political Violence，Vol. 23，No. 4（2011），pp. 521-36.

义，同时将恐怖主义作为一般反国家政治暴力的简称。然而，这些概念是不同的（尽管有时是相关的和部分重叠的）。

在比较激进化导致的暴力与非暴力行为时，学者巴特勒和米勒认为这是一个适应激进信仰体系的过程，然而，并非所有的激进思想都将会转化为激进的行为。[①] 学者霍根提道："总是会有远比恐怖分子多的激进分子，但并不是所有的暴力极端分子都持有强烈、极端的信仰。"[②] 瑞内认为："只有少数激进分子成为极端恐怖分子。"[③] 博朗认为："在传统意义上，很多激进分子没有参与恐怖主义，并且许多恐怖分子没有激进化。"[④] 塞德维克指出："尽管我们知道并非所有激进分子都是恐怖分子，但是激进主义和暴力之间的关系也仍然是不明确的。"[⑤] 具体而言，激进主义可能或者应该不会导致暴力吗？或者激进主义仅仅被视为一个间接的威胁吗？这个问题在很大程度上与上述提到的激进想法（或意识）与行为之间的关系相关，并且为美国和法国的重要政策提供了启示。

根据前述论证，我们可以发现西方学界认为：激进的意识和暴力行为之间的关系是非常复杂的，需要依据具体情况具体分析。激进意识和行为之间的关系是"凌乱"的，在很多情况下，具有激进意识并不意味着产生激进行为（恐怖主义行为）。戴维·斯诺对激进意识及其在社会运动以及集体行动框架中的讨论也是具有指示性的。戴维·斯诺作出一个有挑战性的假设，即社会活动由激进意识构成并由其推动，甚至以意识为主。根据戴维·斯诺的观点，激进意识形态既不是有凝聚力的也不是有协调性的一套价值体系或信仰体系（但通常代表着矛盾或冲突

---

① Jamie Bartlett and Miller, "The Edge of Violence: Towards Telling the Difference between Violent and NonViolent Radicalization," Terrorism and Political Violence 24, 1 (January 2012). p. 115.

② John Horgan and Max Taylor, "Disengagement, De-radicalization and the Arc of Terrorism," in Jihadi Terrorism and the Radicalization Challenge, Rik Coolsaet, ed. (Burlington, VT: Ashgate, 2011), p. 174.

③ European Commission's Expert Group on Violent Radicalization, "Radicalization Processes Leading to Acts of Terrorism," May 15, 2008, p. 9.

④ Randy Borum, "Radicalization into Violent Extremism I: A Review of Social Science Theories," Journal of Strategic Security 4, 4 (2011), p. 8.

⑤ Mark Sedgwick, "The Concept of Radicalization as a Source of Confusion," Terrorism and Political Violence (September 2010), p. 484.

的导火索)；在参与者之间，激进意识形态的多样性往往被低估了（这些激进意识来源不同的背景和动机)；相应的意识和行为却被高估了(他指的是意识信仰和现实生活实践之间的差异)；并且集体行为的构成也不仅仅来自意识形态（意识形态可能不发挥作用或配合其他因素发挥作用，如文化因素)。[①] 博朗也认为："坚持激进主义信念与反恐并不相关，狂热的坚持激进主义意识形态既不代表恐怖主义，也不是恐怖主义必要的前兆。"[②]

一些西方政府将暴力极端分子与非暴力极端分子区分开来，将大部分反恐工作集中于打击暴力极端主义。反暴力极端主义的概念产生于2005 年，布什政府试图用一些级别较低的关键概念，如反暴力极端主义斗争（Struggle Against Violent Extremism）取代具有好战性的全球反恐战争（Global War on Terror)。西方的一些政府机构将暴力极端分子和非暴力极端分子区分开来，然后将大部分反恐工作集中在打击暴力极端主义上。一些反恐官员认为非暴力极端分子可以成为打击暴力极端分子的伙伴。

西方安全机构和反恐政策制定者对非暴力极端组织有两种看法：一种把他们看作引导一些成员走上恐怖主义道路的“传送带”；另一种则认为他们是“防火墙”——阻止一些激进的年轻人进一步滑向恐怖主义。我们似乎很难判断哪一种观点是正确的，因为这两种看法都能找到支撑案例。然而，那些拒绝西方“核心价值观”（如民主、性别平等、多元主义、政教分离、言论自由、法治、尊重人权和人道主义）的所谓非暴力极端主义组织在反恐斗争中成为可疑的盟友。事实上，尽管其手段方式不同于恐怖分子，但其激进的目标却无异于恐怖分子。甚至可以说，非暴力极端主义是一个自相矛盾的术语。虽然可能存在非暴力和暴力的激进分子，但根据上文阐述的激进主义和极端主义之间的区别，区分暴力极端分子和非暴力极端分子的意义不大。

---

① David Snow, “Framing Processes, Ideology, and Discursive Fields,” in The Blackwell Companion to Social Movements, David A. Snow, Sarah A. Soule und Hanspeter Kriesi, eds. (Oxford: Blackwell Publishing, 2004), 398.

② Randy Borum, “Radicalization into Violent Extremism I: A Review of Social Science Theories,” Journal of Strategic Security 4, 4 (2011), p. 78.

与极端分子合作是危险的——不仅一些学者持这样的观点,[①] 一些相关人士也有类似的看法。前极端分子和真主党成员塔利尔警告说：英国的反激进化战略，《预防暴力极端主义》（Preventing Violent Extremism）的核心理论缺陷在于，它接受了一个前提，即非暴力极端分子可以作为对抗暴力极端分子的堡垒。因此，非暴力极端分子成为国家和地方政府及警察的合作伙伴。政府中一些被选为“解决愤怒的年轻穆斯林不满”的合作者，他们自己就站在了煽动那些对英国外交政策、西方社会价值观及所谓的“伊斯兰恐惧症”不满的最前线。因此，《预防暴力极端主义》实际上承载了非常浓厚的伊斯兰意识形态，它产生了一种狭隘的、不宽容的和反西方的世界观，即政治和神学极端分子，以官方认可的权威行事，并向年轻人灌输对西方价值观的敌视意识。因此，保守的英国卡梅伦政府在很大程度上偏离了前工党政府与非暴力极端分子合作打击恐怖主义的政策。

---

① Lorenzo Vidino and Seamus Hughes, “Countering Violent Extremism in America: Program on Extremism,” Center for Cyber & Homeland Security at The George Washington University, June 2015, p. 9.

第二章　激进化与西方本土“圣战”

对激进化概念与模型的分析，不仅仅是纯粹的术语界定与解释，其主要目的在于提炼“去激进化”的关键要素或关键阶段。与激进主义、极端主义、恐怖主义等描述形态或状态的术语不同，激进化强调的是动态的形成过程。简言之，“从守法的穆斯林到好战的伊斯兰主义者的发展过程”（Taarnby，2005）。在西方语境下，激进主义等同于极端主义，但由于没有一个专门的词汇来表达极端化，[①] 激进化（英文 Radicalization；法语 Déradicalisation）也可理解为“极端化”。激进化实际也是极端主义的形成过程。

一、激进化的界定与典型模式

（一）激进化的界定

自“9·11”恐怖袭击以来，激进化一词与恐怖主义一样，变得非常政治化，许多西方学者也提出了各式各样缺乏精确性的定义。激进化被定义为：“从守法的穆斯林到好战的伊斯兰主义者的发展过程”（Taarnby，2005）；“一个去合法化（De-legitimation）的过程，认为自己被社会抛弃而退缩到小众群体中”（Demant，Slootman，Buijs & Tillie，2008）；“对极端主义政治或宗教意识形态逐渐接受的社会和心理过程”（Horgan& Bradock，2010）；“个人和（或）群体的思想、情感和（或）行为中极端主义增加和（或）加强的过程”（Mandel，2012）；“个人或作为一个群体的一部分——开始接触并接受极端主义意识形态

---

① 在中文中经常提到的极端化、去极端化在西方没有相对应的词汇。例如，第一章所述，西方语境中激进主义等同于极端主义，因此，西方国家政策文件或学术著述中所提的激进化、去激进化、反激进化相当于我国语境下的极端化、去极端化和反极端化。

的过程”（Sinai，2012）……①

总体上看，西方学者们主要从行为特征与意识形态两个方面对激进化加以界定，只是各有侧重。一部分观点强调意识形态的主导作用，将精神动力、认知和识别作为识别激进化个体态度、思想观和性格特征的方法。例如，“人们逐渐接受可能导致政治暴力合法化的观点和想法的过程”（Jensen，2006）；“个体逐渐接受极端的政治或宗教思想和目标，确信实现这些目标有理由采用极端方法的过程”（Ongering，2007）；“对极端主义政治或宗教意识形态逐渐接受的社会和心理过程”（Horgan& Bradock，2010）。② 另一部分观点则强调行为特征的表现，在欧洲穆斯林族群激进化的背景下，将视角转移到社会运动理论和网络理论上，并用以解释群体内的政治动员和社交网络导致的暴力激进化。例如，“可能是为了实现政治目标而使用暴力，或增加暴力程度”（Olesen，2009）；“个人和组织为实现政治目标而采用暴力或威胁采取暴力的过程”（Githens Mazer，2009）；“寻求彻底改变社会，可能通过使用非正统手段，从而对民主结构和制度造成威胁的过程”（Kortweg，2010）；“一个去合法化（de-legitimation）的过程，认为自己被社会抛弃而退缩到小众群体中”（Demant，Slootman，Buijs & Tillie，2008）；“21 世纪初出现的一种现象，因为新的媒体生态使个体或群体能够利用互联网进行说服、组织和实施暴力（Awan，2012）”。③

毫无疑问，激进化很难定义，学者们仍然站在旁观者的角度进行不同的社会解释，受到不同的价值观和规范的影响。个人经历和社会关系也会引发激进化。因此，暴力激进化的“渐进或阶段性过程”可能涉及个人或群体的环境。④ 社会学解释关注结构性因素，如政治、经济、社会的不满以及导致迷失和困惑身份的全球化，即在西方民主国家与现

① Alex P. Schmid，“The Trouble with Radicalization，” International Affairs，89，4（2013），pp. 17-18.

② Anja Dalgaard-Nielsen，“Violent Radicalization in Europe：What We Know and What We Do Not Know，” Studies in Conflict and Terrorism（August 16，2010），pp. 15-20.

③ 同上，pp. 17-18.

④ European Commission's Expert Group on Violent Radicalization，“Radicalization Processes Leading to Acts of Terrorism，” May 15，2008，7.

代化生活中挣扎①。

强调意识形态的观点将激进化描述为“获取和拥有激进化或极端化信仰的过程,② 但激进化显然不仅仅是意识形态上的变化，其应该伴随相应的行为特征。激进化是一个社会化过程，在这个过程中，个体或群体的思想、观点、情感都得到各种社会因素的支持和推进，从而导致极端主义意识形态的形成并通过暴力实现其目标（Baehr，2013）。③ 学者尼尔森的观点更具概括性，激进化实际就是“由激进意识发展为直接支持或参与暴力活动意愿的过程”。④

西方政府在界定激进化时更强调行为特征的变化过程。美国白宫在《反激进主义策略》中提到，激进化是指某些个体成为支持或实施受意识形态影响的暴力行为的过程⑤。法国议会委员会报告把激进化定义为“意识形态和暴力行为融合在一起的根本过程”⑥。既然激进化不是一蹴而就的，而是一个发展变化的过程，学者们也对其进行了深入的研究和探讨。

（二）激进化的典型模式

目前，在西方理论界，占主导地位的激进化模式分别有恐怖主义阶梯模式（Staircase Process）⑦、纽约警察局的四步模式（Four Phases）⑧、

① Daalgard Nielsen，“What We Know,” 806. Daalgaard-Nielsen points to the primary work of Petter Nesser，Jihad in Europe（Oslo：University of Oslo，2004）.

② Jerome Bjelopera and Mark Randol， “American Jihadist Terrorism：Combating a Complex Threat,” Congressional Research Service Report（December 2010），p. 1.

③ Alex P. Schmid，“The Trouble with Radicalization,” International Affairs，89，4，（2013），pp. 17-18.

④ Daalgard Nielsen， “Studying Violent Radicalization in Europe II,” Danish Institute for International Studies（DIIS），Working Paper no. 2008/3，especially 12-13.

⑤ White House，Empowering Local Partners to Prevent Violent Extremism in the United States（August 2011）.

⑥ Sébastian Pietrasanta，“La déradicalisation，outil de lutte contre le terrorisme,” Rapporteur du projet de loi relatif à la lutte contre le terrorisme（June 2015），p. 7.

⑦ Fathali M. Moghaddam，“The Staircase to Terrorism：A Psychological Exploration,” American Psychologist 60，2，（2005），pp. 162-166.

⑧ Mitchell Silber and Arvin Bhatt， “Radicalization in the West：The Homegrown Threat,” New York Police Department（2007），pp. 6-8.

金字塔与暴力通道模式（Pyramid and Pathways to Violence）[①] 及传送带模式（Conveyor Belt Process）[②]。

1. 恐怖主义阶梯模式。

法萨利·莫哈达姆侧重于从情绪偏激和升级的角度来梳理极端化过程。与大多数传统模型一样，他认为，被剥夺感和不满构成了踏上恐怖主义道路的基础和推力。这一模型把极端化过程比作阶梯式上升的“六个楼层”。

在底层，由于相对剥夺（Relative Deprivation）、不公平、沮丧和耻辱的感觉在人群中占主导地位，而大众媒体的传播更是扩大了这些负面认知。实现正义和改善自身境遇是上到“一楼”的人的主要目标。根据这个模型，两个因素决定个人是否停留在“一楼”：社会流动和程序正义。那些未能在开放性的社会等级体系中向上流动，感觉被排除在决策过程之外的人在指责他人的同时，攀登到“二楼”。到达“二楼”的人在经历了愤怒和沮丧后，将侵犯目标定于被谴责的剥夺者身上。西方国家特别是美国通常成为潜在的目标，而激进组织及其领导者起到了重要的煽动作用。准备实施攻击的人则爬到“三楼”。在“三楼”，这些人开始为恐怖主义辩解，并将恐怖组织的理念逐步内化，他们试图以包括恐怖袭击在内的任何手段改变世界。那些准备加入恐怖组织的人攀登到“四楼”。新招募者内化组织的方法和目标，确立了“自我与他者”对立的世界观，并认为恐怖主义是实现理想目标的合法手段。而那些到达“顶层”的人将本组织以外的任何人（包括无辜平民）视作敌人，并欲除之而后快。他们有充分的动机和心理准备来从事恐怖活动。[③]

2. 纽约警察局四步模式。

后“9·11”时代，针对美国、加拿大和西欧境内的本土“圣战”

---

① Clark McCauley and Sophia Moskalenko, “Mechanisms of Political Radicalization: Pathways toward Terrorism,” Terrorism and Political Violence (July 2008).

② Anthony Glees and Chris Pope, When Students Turn to Terror: Terrorist and Extremist Activity on British Campuses (London: Social Affairs Unit, 2005). Zeyno Baran, “Fighting the War of Ideas,” Foreign Affairs (November/December 2005). 基于资料来源不足，本文没有就“传送带模式”加以阐述。

③ Anthony Glees and Chris Pope, When Students Turn to Terror: Terrorist and Extremist Activity on British Campuses (London: Social Affairs Unit, 2005). Zeyno Baran, “Fighting the War of Ideas,” Foreign Affairs (November/December 2005), p. 87。

人士的综合研究，纽约市警察局提出一种具有代表性的激进化四阶段发展模式：第一阶段："预激进化"，个人进入激进化过程之前的生活，拥有普通的私人愿景和职业愿景，且没有实施暴力的历史记录；第二阶段："自我认同"，由于内部和外部因素导致个人开始对"圣战"理念感兴趣并且信奉，此时会寻找"志趣相投"的伙伴；第三阶段："教义灌输"，个人强烈拥护暴力"圣战"的合理性，并加深与"志趣相投"者的联系；第四阶段："圣战化"，这是一个短暂的过程，个人决定成为"神圣的勇士"，并准备进行恐怖主义活动。①

该模型认为，前激进化阶段的个体往往具有某些共同特征，如孤僻、多为 15 岁至 35 岁的男性和来自中产家庭的学生等。自我认同是第二阶段，此时他们开始探寻"圣战"萨拉菲的意识形态。在将此意识形态内化后，他们以"圣战"世界观重建自身认同并频繁与极端主义团体接触。在这个过程中，政治危机事件可起到重要的推动作用。例如，巴以冲突被发现是通过"圣战"透镜重塑认同的主要催化剂。灌输是强化阶段，他们完全接受暴力"圣战"思想，并认为它是必要的行动。这确认了对任何异见者，包括非穆斯林和温和穆斯林使用暴力的合理性。"圣战"主义是极端化过程的最后阶段，他们成为恐怖组织的一员，随时准备参与恐怖活动。这标志着个人接受和承诺代表组织行事，即从事恐怖活动的义务。②

由此可见，激进化的形成是从思想到行为的渐进性和阶段性过程，而去激进化则旨在寻求针对激进思想和暴力行为的解决和处理方法，即从根本上防止激进化意识和（或）暴力行为的形成，使个体"脱离"恐怖主义。

3. 金字塔与暴力通道模式。

学者麦克劳伦与莫斯卡伦佐（McCauley 与 Moskalenko）致力于研究政治激进主义，从信仰、情感和行为（更多关注行为）的角度研究激进化过程。他们认为，在政治背景下，行为激进主义意味着增加时间、金钱、冒险和暴力来支持一个政治群体。从功能上讲，政治激进主

---

① ［美］L. 纳克斯著：《反恐原理》，陈庆等译，社会科学文献出版社 2016 年版，第 144-145 页。

② 李捷：《极端主义组织与认同政治的建构》，载《世界经济与政治》2017 年第 4 期，第 86 页。

义增加了对集团间冲突的准备和承诺。具体而言，激进主义意味着信仰、情感和行为方向的改变，这些改变越来越多地证明了群体间暴力行为的正当性，并要求为捍卫群体而作出牺牲。①

在金字塔模型中，恐怖分子被认为是金字塔的顶端，而金字塔的底部由所有同情恐怖分子实现“目标”的人组成。例如，在北爱尔兰，支持爱尔兰共和军金字塔的基础是所有同意“英国人退出”的人。从金字塔的底层到顶层，人数逐渐减少，但与激进主义相关的信仰、情感和行为却逐渐增加。因此，对于激进主义的一种思考方式是，正是这种梯度将恐怖分子与同情他们的人区分开。两位学者还认为激进主义可能发生在不同层次的对象中，他们将激进化主体区分为个体、群体和大众三个层次。②

激进化三层次

激进化层次	激进化发展机制
个　体	个体受害 政治不满导致的个体激进主义 个体加入激进群体——急速下滑 个体加入激进团体——爱的力量
群　体	基于志同道合的极端化转变 鼓励与威胁之下的极端凝聚力 为了赢得支持的内部竞争 与国家权力的竞争——凝结 群体内部竞争——裂变
大　众	柔道政治 仇恨 殉难

① Clark McCauley and Sophia Moskalenko, “Mechanisms of Political Radicalization: Pathways toward Terrorism,” Terrorism and Political Violence (July 2008), p. 416.

② Clark McCauley and Sophia Moskalenko, “Mechanisms of Political Radicalization: Pathways toward Terrorism,” Terrorism and Political Violence (July 2008), p. 418.

二、激进化与西方本土“圣战”

1998年2月，本·拉登和其他四位“圣战”团体领导者在埃及、巴基斯坦和孟加拉签署了一项名为“宗教法令”的裁决，标题是“世界伊斯兰反犹太人和十字军‘圣战’阵线”（The World Islamic Front for Jihad Against the Jews and Crusaders）。本·拉登在文中解释道：“伊斯兰史上的宗教学者们都同意，当敌人攻击伊斯兰国家时，‘圣战’是每个人的职责……除了信仰，没有比对抗腐蚀宗教和全世界的敌人更伟大的职责了。”本·拉登、“基地”组织及其全世界的追随者、支持者和同情者们频繁使用“圣战”这个词来描述他们的恐怖主义任务和行为。因此，“圣战”这个词在西方国家有着消极负面的内涵。①

“9·11”恐怖袭击发生后的十多年内，西欧的穆斯林人口似乎比美国更容易受到激进主义的影响，这与“本土”“圣战”主义的新现象有关：在欧洲出生和长大的穆斯林会成为激进“圣战”者，参与到针对本国的恐怖活动中。“圣战”（jihad）是一个阿拉伯词，表达了“斗争”或“奋斗”的意思，通常出现在《古兰经》“在上帝的道路上奋斗”的语境中。这个词有两种不同的含义：内部斗争、道德斗争和武装斗争，后一种形式的“圣战”通常与伊斯兰恐怖主义相关。②

“圣战”还有“大”与“小”的差别。较大的“圣战”可以看作个人的精神和道德层面的奋斗，较小的“圣战”则是为了伊斯兰教的利益进行的暴力抗争。学者塞奇曼解释说：较小的“圣战”是为了伊斯兰教的暴力抗争。传统的伊斯兰教把“圣战”看作世界上的一种义务，这个世界被分成伊斯兰教的土地和充满冲突的土地。穆斯林团体必须参与到在全世界范围内拓展伊斯兰教土地的“圣战”中，这样，所有的人类才可以生活在一个公正的政治社会秩序内。此外，“圣战”还有防御性和攻击性的差异，前者指的是反抗穆斯林领土内的侵略者，如对抗入侵阿富汗的苏联或者入侵伊拉克的美国或其他西方入侵者的战

---

① ［美］L. 纳克斯著：《反恐原理》，陈庆等译，社会科学文献出版社2016年版，第131–132页。

② “extremism task force to be set up,” http：//news. bbc. co. uk/1/hi/uk/4695275. stm，accessed 17 august 2010.

斗；后者则是指征服非穆斯林土地并且改变异教徒的信仰。[1]

基于“圣战”含义的复杂性，很难界定西方本土“圣战”者们的“圣战”类型，但这并不是关键。关键的是，无论何种“圣战”目的，都必须以“暴力”来方式完成。西方本土“圣战”强调的是那些在西方国家土生土长的人，在本土实施的以“圣战”为名的暴力活动。在法国、英国、德国和丹麦，本土“圣战”主义发展成一个严重的安全问题，以至于《经济学人》引用一位前白宫顾问的话说，欧洲是“‘圣战’的领域”。欧洲已成为激进伊斯兰教的主要滋生地。事实上‘9·11’发动前后，基地组织实施的每一次恐怖袭击都与欧洲有着某种联系。[2] 2004 年马德里火车爆炸事件、2004 年荷兰电影制片人被谋杀、2005 年伦敦袭击事件、2006 年德国火车爆炸未遂、2015 年法国《查理周刊》袭击案与“黑色星期五”恐怖袭击，一方面表明了“圣战”在欧洲的活跃程度，另一方面也提供了“圣战”分子激进化的个案依据。

激进化是演变为“圣战”者的基本前提。激进化是个体认同、接受和参与促进极端主义意识形态和目标的过程。然而，激进化途径并不是一个固定的轨迹，它具有特定的、可识别的指标。没有一个单一的理论能够全面解释激进化。但是，由上述激进化形成模式的各种论述中，可以发现，通往极端主义的道路总是离不开三个关键因素：一个疏离和利他主义的个体，一种“合法”的意识形态，以及一个“有利”的社区。极端主义思想和行动在个体、群体和组织层面上起作用。个体为推动政治目标提供灵感和承诺；群体是社区组成部分，使社会化成为极端主义意识形态；组织为群体可持续性提供必要的结构和内部过程。

第一，疏离和利他的个体。恐怖主义和极端主义组织把意识形态作为崇高的事业，承诺并满足其支持者的社会和心理需要。潜在的信徒往往是与社会疏离的个人，远离他们的社区，选择与他人保持距离，甚至是那些对他们重要的人，如家庭成员和朋友。这种与主流社会、文化或政府政策的疏离，使个人对极端主义意识形态产生了兴趣。对后“9·

---

① ［美］L. 纳克斯著：《反恐原理》，陈庆等译，社会科学文献出版社 2016 年版，第 132 页。

② H. a. Hellyer, “new Political Landscape,” http://musliminstitute.org/upfront/culture/newpolitical-landscape, accessed 14 May 2011.

11”时代暴力极端分子的调查表明，“疏离”是一个共同的因素。[①]

第二，“合法”的意识形态。对不满的感知，如身份冲突、不公正、压迫或社会经济的排斥，都可以使人们接受极端主义思想。[②] 无论是个人经历还是主体认同，这些通常在危机中出现，可以激发个人采取极端主义的叙述或意识形态，解决他们的不满，并为行动提供理由。[③] 危机可以产生“认知的开放”，先前所持有的信念被动摇，使得个人能够接受其他的想法。[④] 接受意识形态的基本原理，就像激进化过程本身一样，既是复杂的，也是信徒所独有的。接受这种意识形态与理解群体动力学、心理学一样复杂。斯登指出，一些个人出于意识形态信仰而加入极端主义团体之后，因情感或物质利益超越信仰而转向暴力。[⑤]

第三，“有利”的社区。当经济、社会、文化、政治和个人情况被认为具有创伤性并可能被利用时，就会使用认知开放。在这种情况下，一个有利的环境（群体或社区）可以通过利用群体成员或其领导者的影响力来促进受影响个人的主动或被动招募。“个人受到了他们生活的冲突的影响，他们的社区支持他们的行动，他们的运动的意识形态使之合法化”。[⑥] 21 世纪提供了一个新的基础——在线、开放的极端主义。互联网的使用也许是自后“9·11”时代以来最危险的极端主义和恐怖主义及激进主义招募的创新。在线激进有助于思想和策略的共享，发展和增强社交网络，征募新兵，并可能引发非法和暴力行动。通过激励本土恐怖分子来针对西方国家政府，鉴于共犯社区在激进化进程中的中心作用，研究能够支持反恐社区模式的道德、领导和群体行为结构是极其重要的。

---

① Gellman，B.（30 September 2010）. The Secret World of Extreme Militias. Time Magazine.

② Wiktorowicz，Quintan（2005）. Radical Islam Rising，Muslim Extremism in the West.

③ Brachman，J.（2005）. Global Jihadism：Theory and Practice. London and New York：Routledge，pp. 52-78.

④ Wiktorowicz，Q. Radical Islam Rising.

⑤ Stern，Jessica（January/February 2010）. Mind Over Martyr：How to Deradicalize Islamist Extremists. Foreign Affairs. Volume 89，No. 1，p. 103.

⑥ Richardson，L.（2006）. What Terrorists Want，Understanding the Enemy，Containing the Threat.

三、本土“圣战”的历史背景

欧洲第一次大规模的移民潮发生在20世纪五六十年代。第二次世界大战后由于劳动力极为短缺，英国鼓励来自前殖民地印度和其他伊斯兰国家的移民，同时期的法国则从北非输入移民，而德国则从土耳其输入。第一代穆斯林移民主要从事蓝领工作（劳动力）。最初，他们是为了自己能够改善生活，而在安居乐业和抚养家庭方面没有什么打算。

对欧洲人而言，这些穆斯林移民是具有特殊文化与信仰的少数民族群体。社会多样化需要多元文化，但穆斯林社区却成为尤为突出的问题。大多数移民认为他们最终会回国，而大多数的欧洲人及欧洲政府也是这样认为的。例如，在英国，对于一个缺少劳动力的国家，那些来自刚刚独立的前英国殖民地国家，并且没有打算在英国长久居留下来的移民是受欢迎的。但是，随着时间的流逝，“回国”很明显只是一个神话。这些社区在英国保留下来，而且不可避免地改变了英国及其他欧洲国家社会的构成。①

当这些穆斯林到达欧洲时，他们并未被认为是欧洲社会的永久组成部分。不同于加拿大或美国的前车之鉴，这些穆斯林移民被认为是暂时性的、提供有限服务的群体。因种族、文化、阶级、历史的截然不同，使得穆斯林群体并不受欧洲主流社会的欢迎。20世纪80年代开始，穆斯林的宗教思想开始与欧洲的世俗主义意识发生冲突，尤其在法国，法国政府禁止穆斯林在公共场所戴头巾。拉什迪（小说《撒旦诗篇》的作者）事件使英国突然意识到穆斯林群体的宗教问题是一个非常严重的问题。②

如果穆斯林移民富有、是白种人、没有宗教信仰或者信仰基督教，那么欧洲人可能会愿意其融入。即使如此，第一代穆斯林移民并未对欧洲人的心理造成极大的震撼，毕竟穆斯林社区遵纪守法，为了获得更好的生活而经营自己的事业。第一代穆斯林容忍被歧视和拒绝认同，第二代穆斯林不甘于接受现实地位。他们经历了社会的歧视，眼见父辈们的

---

① Stefano Allievi, “relations and negotiations: Issues and Debates,” Muslims in the enlarged Europe: religion and society (Leiden: Brill, 2003), 353.

② H. a. Hellyer, “Muslims of Europe: the ‘other’ Europeans” (Edinburgh: Edinburgh university Press, 2009).

生活，他们不甘心如此，却无力改变他们生活的社会，他们只能继续忍耐，没有其他选择。

第一代穆斯林为了寻求慰藉而创造了亚文化，但第二代穆斯林却与这些亚文化没有关系。尽管他们可能去过土耳其、阿拉伯或印度，但是他们并不是土耳其人、阿拉伯人或印度人。他们生在欧洲、长在欧洲，因此不可能轻易成为亚文化的一部分。在美国、加拿大或其他类似的社会，他们可能会寻求同化。但是在欧洲，同化的含义却不同于北美国家。此外，在第二代移民从少年变为成年人的过程中，其父辈并不能给予精神上的疏导（因为他们的经历完全不同），所以也没有出现像马丁·路德·金那样的领袖来领导大家为民权而奋斗。

内部同化的挑战继续着，持续到 20 世纪 90 年代后期，希腊、荷兰、德国、瑞典等国都在经历这样的挑战。20 世纪 90 年代末，希腊大城市达马基诺举行了大规模的游行示威，以抗议金梅里亚（Kimmeria）和佩列基提两个城市新设立了清真寺，尽管希腊本身是一个宗教国家。在荷兰，反穆斯林政治家皮姆·福图恩相当活跃。显然，两国之间的情形存在差异。希腊是信奉东正教的国家，达马斯基诺的抗议显示了希腊民众维护其正统宗教的过激情绪，同时我们也可以看出，在希腊这样的国家，宗教的融合在实践中是极不现实的。而荷兰政治家福图恩则代表着一种不同类型的反穆斯林情绪，一种更敌视穆斯林的情绪，他认为这是对荷兰文化的一种威胁。在德国这样一个号称多元化民主的国度，其多年来对土耳其移民的政策，也没有帮助或鼓励任何形式的民族融合。在瑞典，直到最近，其治国理念仍然是“一个国家，一个民族，一种宗教”，换言之，瑞典不能容纳其穆斯林移民。①

在这种背景下，第二代和第三代穆斯林移民后裔发现自己严重疏远了父辈或祖辈们的亚文化，也远离现处的社会的主流文化。他们需要寻求一种归属感，来弥补其精神上的空虚。不幸的是，少数穆斯林青年在“伊斯兰复兴运动”的鼓动之下，找到了填补其空虚的途径。法国的费斯·本斯拉马教授描述了青少年受到激进思想“洗礼”的过程。一旦

---

① Ake Sander, “The Status of Muslim Communities In Sweden,” In Muslim Communities In The New Europe, Ed. Gerd Nonneman, Tim Niblock, And Bogdan (Reading: Ithaca Press, 1997), 187.

激进宣传为年轻人接受，人格的欠缺得到填补，原先脆弱的人会获得巨大的精神力量，不再焦虑，更有一种获得解放的感觉，觉得自己无比强大。1922 年，存在了 624 年的最后一个伊斯兰帝国（奥斯曼帝国）灭亡，其土地被瓜分、被殖民主义者占领，穆斯林从前是主人，现在在自己的土地却要成为臣服者。这是有着 1400 历史的年伊斯兰文明的崩溃，是统一、强大的伊斯兰世界理想的终结，由此产生了穆斯林挥之不去的怀旧感。为“受伤的伊斯兰理想”复仇的激进思想由此产生。由此，伊斯兰主义应运而生，要求重建传统，恢复先知时代的生活方式；对个人的要求是做一个完完全全的穆斯林，而不是西方化的公民。①

从精神分析的角度来看，穆斯林集体意识里存在一个穆斯林传统的超我，时时处于警戒状态，担心集体或个人不再是自身，被西方化了。“圣战”激进思想是传说和历史现实的混合物，保留了穆斯林对伊斯兰衰落的集体耻辱感，对当年西方炮舰的愤恨，还将历史投射到伊斯兰世界遭受的现实痛苦上，如西方的干涉，还有伊斯兰国家的内战。激进伊斯兰思想允诺要回到传统社会，生活在传统社会中，个人的人格、社会存在是明确规定的。而在现代社会中，个人人格及身份，无论是精神层面还是物质层面都需要个人自己去挣得，但实际上不是所有人都有条件实现这一切的。很多青少年在现实生活中因此感到惶惑和无所适从，更喜欢一个团体给予的明确的秩序、严格的规定，以及团体给他指定的身份，这能给他们坐标感、安全感。不仅如此，接受“圣战”思想的年轻人被告知，他在现实的战争中扮演的英雄的一方。因此，这种激进思想比邪教更能迷惑人。②

四、本土“圣战”的主要特点

张金平教授认为，恐怖势力不断蛊惑极端暴力，最突出的就是推动宗教“圣战”暴力概念的异化，不仅将宗教暴力等同于极端暴力，以此来鼓动极端分子的暴力倾向，并为暴恐自杀式袭击进行辩解；而且将

---

① 《专家解读：法国青年为何激进化?》，载法国新闻网 http：//www. cnfrance. com/info/renwu/20160728/14376. html。

② 《专家解读：法国青年为何激进化?》，载法国新闻网 http：//www. cnfrance. com/info/renwu/20160728/14376. html。

暴力目标范围扩大化，将平民作为袭击目标。[①] 这种观点在近年西方国家发生的本土“圣战”恐怖袭击中体现得非常充分。

2017 年 3 月 22 日，英国议会大厦前的这起袭击案导致包括袭击者本人在内的 6 人死亡，50 人受伤。52 岁的英国公民卡里德·马苏德驾驶一辆租来的轿车在威斯敏斯特桥上撞击行人，随后驾车冲进议会大厦并将一名警员刺死。他本人也被警察击毙。

2017 年 6 月 3 日，一辆白色小货车在伦敦桥上撞击行人，此后，三名行凶者在附近的博罗市场持刀行凶，最终导致 7 人死亡，48 人受伤。行凶者被警察当场击毙。

（一）“圣战”者大多为西方本土穆斯林青年

传统的西欧国家拥有大量的穆斯林移民，曾经有人认为是这些移民角色给欧洲带去了激进的伊斯兰教，甚至有人建议暂停从伊斯兰国家向欧洲移民以此来避免进一步的恐怖袭击。然而真实的情况是，以伊斯兰教的名义来制造这些恐怖袭击的大部分“圣战”者都是具有伊斯兰籍的本国人，在近代通过经济移民或者说劳工输入的形式来到欧洲。他们中的大多数人都出生在欧洲并在欧洲接受教育，并不是近期的移民，也并非是将恐怖主义从国外的恐怖主义滋生地引入欧洲。他们是欧洲本土的激进的伊斯兰主义者，并且多数曾前往中东地区参与过“培训”或者参加过“圣战”。这就意味着即使切断穆斯林移民的来源地，也并不能避免“圣战”恐怖袭击的发生。

而在伊斯兰群体当中，青年人则成为了“圣战”恐怖袭击的主要参与者。恐怖主义犯罪的年轻化是近年来恐怖主义活动的显著特点，青年人思想活跃，自尊心强，更容易被发展成恐怖分子。2013 年 5 月 22 日，伊斯兰极端分子 29 岁的迈克尔·阿德波拉杰和 22 岁的迈克尔·阿德波瓦莱在伦敦伍利奇兵营附近用汽车把英国士兵里格比撞倒，然后把他砍杀。阿德波拉杰曾声称他是所谓的“真主的士兵”，而刺杀里格比就是为了宣战。

法国具有伊斯兰背景的青年人通过在学校学习和日常生活，体会到的种族歧视和文化冲突更为深刻，而且这种情况对他们的刺激也更为严重，面对正常社会生活的排斥，不管是基于个人意愿，还是受中东恐怖

---

① 张金平：《当代恐怖主义与反恐办策略》，时事出版社 2019 年版，第 78 页。

主义势力的“派遣”，参与恐怖袭击的多数都是法国本土的伊斯兰青年群体[①]。例如，2012 年 3 月在法国南部的连环杀人案的凶手穆罕默德·梅拉赫，阿尔及利亚裔法国人，自称是“基地”组织成员，年龄仅 27 岁。2015 年的“查理周刊”事件，其中一名犯罪嫌疑人的年龄仅为 18 周岁。2016 年诺曼底地区教堂人质劫持案中的两名犯罪嫌疑人都只有 19 岁。

根据法国内政部 2014 年 4 月公布的数据，法国 2/3 的激进分子为 15~25 岁的年轻人，1/4 是未成年人，也就是说，绝大部分激进分子正处在长大成人的青春期。巴黎第七大学心理学教授费斯·本斯拉马参加了接待从叙利亚参加“圣战”回国青年的感化中心的工作，他认为对年轻人的伊斯兰激进化现象，需要进行政治、历史和临床医学的综合研究。费斯·本斯拉马说，“青春期”是人生观和人格形成期，这个过程并不容易，有时充满了痛苦，青少年需要榜样和精神的满足。从精神分析角度来看，在个人人格的形成过程中，榜样的作用，是通过它使个人与集体建立密切的关系。年轻人的激进化现象，就是这个时代年轻人寻找榜样、寻求精神满足时心理动荡的反应。“圣战”宣传很容易吸引那些由于出现人格形成困难、认同困难的青少年，给他们提供一个榜样，填补空缺，修补扭曲的人格，甚至替他们创造出一个新的自我，这可以说是一种信仰的拐杖，而青少年需要这方面的帮助，对其不会有怀疑。[②]

（二）恐怖组织的极端主义影响力越发突出

全球宗教极端主义恐怖势力，自西亚北非萌生后，便在世界各地扩散，刺激恐怖势力的膨胀。在“基地”组织存在时期，恐怖组织实现了全球化，“基地”组织成员、组织网络更加具有全球性，其恐怖袭击能力也具有跨国性。到了“伊斯兰国”（ISIS）时期，恐怖势力的组织形态向“极端政权”演变，该组织在全国聚合资源、输出极端主义及其暴力能力已经大大超过了“基地”组织。ISIS 的极端主义影响，已经能够大面积地推动不少青年“自我”极端化，即使没有直接的组织

---

① 法国出台《反恐怖议法》，载《光明日报》2014 年 9 月 27 日。

② 《专家解读：法国青年为何激进化?》，载法国新闻网 http://www.cnfrance.com/info/renwu/20160728/14376.html。

招募，但通过极端主义的传播和蛊惑，就能影响世界各地产生大量“独狼”恐怖分子；激进分子通过网络“隔空宣传”，就能从世界各地招募大量极端分子到叙利亚和伊拉克参战。[①] 这也是为何在2011年之后，美国与西欧等西方国家的本土“圣战”发生越来越频繁的主要原因。

以法国为例，2011年以后，法国每年都有大批的伊斯兰青年离境前往中东参加所谓的“圣战”。但在2001年至2011年的十年间，法国情报部门却确认只有50多名法国人前往阿富汗参加“圣战”。[②] 2012年3名准备前往叙利亚的“圣战”分子在卢瓦尔省圣埃蒂安机场被捕。2014年法国反恐部门在巴黎大区逮捕了8名前往叙利亚参加“圣战”的年轻人，其年龄都在20岁到30岁。2014年据法国《欧洲时报》报道，在法国大量涌入叙利亚的“圣战”者中，12人甚至尚未成年，法国从2014年以来投身“圣战”的青年离境人数剧增了近80%。法国警方自2014年春以来阻止此类人员离境已经达百次以上[③]。

据不完全统计，近年来参加各种“圣战”组织的法国群体已经达到1000人以上，其中有40%的法国人去了叙利亚和伊拉克境内，甚至在其中形成了一些法国营地[④]。2012年的梅拉赫杀人案、2014年法国人迈赫迪在比利时博物馆的杀人案与2013年的“查理周刊”事件都有着惊人的相似，恐怖袭击者从中东接受“培训”返回法国，在一定时期内摆脱法国情报部门的监视后伺机发动袭击，这给法国的国家安全和社会秩序带来了严重的隐患，不管是去参加“圣战”还是去接受“培训”，目的都是接受洗脑，掌握技巧方法，其最终目标仍然都指向法国本土[⑤]。

---

① 张金平：《当代恐怖主义与反恐办策略》，时事出版社2019年版，第105页。

② 崔东：《法国反恐模式研究及对中国的启示》，西南政法大学2016年硕士学位论文，第9页。

③ 2014年9月20日，法国警方在马赛机场将两名此前离家出走的法国少女拦截，她们欲通过土耳其前往叙利亚。有网友评论说：“这就是法国社会的现状。”

④ 《从巴黎五大袭击根源看中国反恐》，载《东方早报》2015年1月11日。

⑤ 据2014年法新社报道，法国内政部长瓦尔斯在做客某电台时曾说：法“圣战”者大量涌入叙利亚的现象令人担忧，这是法国今后数年必须面对的巨大风险，从其规模来看，法国民众可能会对这种现象不知所措。

（三）反恐严峻形势下以“独狼式”袭击为主

美国“9·11”事件的影响促使各国反恐情报网络的加强，大规模的、有组织的恐怖袭击受到压制。在一起“圣战”袭击阴谋中，参与者人数越多，其恐怖阴谋被阻断的概率就会越大。有消息称，本·拉登就曾反对在美国本土投入两位数字以上的恐怖袭击实施者，他曾说：“即使针对美国的大规模行动，参与的成员也不宜超过10个。”[①] 这可以解释为何西方本土“圣战”产生的15年来，宏观恐怖袭击屈指可数。

所谓的“宏观”是指恐怖袭击的后果造成了50人以上死亡，或经济损失超过10亿美元，或者某种极具标志性的目标被摧毁（如“9·11”事件中的世贸大厦）。这样的大规模恐怖袭击需要制订大量的计划，恐怖分子的“构思”与策划，大量的设备及经济来源。为此恐怖分子需要付出大量的人力和物力。相应地，这种“宏观”袭击的对象通常集中于国际知名的大城市，如2015年11月13日受袭击的法国巴黎。[②] 另一起“宏观”恐怖袭击的典型案例是2005年7月7日的伦敦地铁爆炸案。此次恐怖袭击的主要参与者居住在英国东北部一个偏远的小镇上，却驱车数百英里来到伦敦，为了实现最大伤亡数，在早晨上班高峰期发动恐怖袭击。自“9·11”事件开始，在西方联盟国家中发生的宏观恐怖袭击的目标几乎都集中在了主要城市纽约、伦敦、马德里、巴黎。

更多小规模的、个体的“独狼”恐怖袭击则取代“宏观”恐怖袭击成为当前西方本土“圣战”的主要形式。相较于“宏观”恐怖袭击，“独狼”式袭击的随机性更强，更加隐蔽，其被情报执法机关阻拦的机会更少，成功率更大。2017年5月22日，一名男性嫌犯使用自杀式炸弹袭击了在曼彻斯特竞技场刚观看完演唱会的年轻人和儿童，导致22人死亡，59人受伤。自杀袭击事件嫌疑人为22岁的萨勒曼·拉马丹·阿贝迪（Salman Ramadan Abedi），一名出生在曼彻斯特的利比亚人后

---

① Bierman, Noah; Halper, Evan (December 3, 2015). “After shooting, Republicans want a ‘wake-up call’ on terrorism, Democrats on gun control”. Los Angeles Times.

② Mozingo, Joe; Serrano, Richard A.; Chu, Henry; Finnegan, Michael (14 November 2015). “As Paris reels from night of terror, investigators seek origin of attackers”. Los Angeles Times. Retrieved 15 November 2015.

裔。在法国，除了2015年的《查理周刊》袭击案与“黑色星期五”恐怖袭击之外，2012年图卢兹等地连环枪击案中的穆罕默德·梅拉赫，2014年比利时犹太人博物馆枪击案中的迈赫迪·纳姆什，到2015年法拉维耶工厂袭击案中的亚辛·萨勒伊，国际列车袭击案中的阿尤布·卡扎尼，2016年尼斯国庆日袭击案中的穆罕默德·布莱勒，从中可以发现这些袭击者大都是土生土长的法国穆斯林，而且不同于以往有组织性的大规模劫持人质和连环爆炸，这些本土“圣战”分子多以“独狼”形式出现实施恐怖袭击。

“独狼”恐怖袭击并非伊斯兰极端分子独有的袭击形式，它也被西方基督教主义激进分子、“白人至上主义者”所采用。典型案例如2011年7月22日，发生在挪威首都奥斯陆的连环爆炸枪杀案，共造成77人死亡。袭击者极端右翼分子安德斯·布雷维克在出席审判时拒不认罪，并声称其杀人是为挪威“抵御多元文化主义和伊斯兰教的侵袭”。[①]

与有组织的“圣战”袭击相比，“独狼”“圣战”袭击具有其鲜明的特点。首先，袭击突发性强，防范难度大。作案前，多数袭击者的生活、行为方式与普通人无异，不易被外界觉察。执法部门无法通过渗透等传统方式逮捕恐怖分子，更难以提前预警并将其袭击阴谋扼杀在萌发状态。[②] 其次，造成的生命和财产损失可能相对较小，但却易于复制、效仿。美国反恐专家杰弗里·西蒙指出由于个人获取恐怖袭击需要的技术和资金越来越容易，“独狼”袭击将愈演愈烈。“独狼”不受组织压力或决策程序束缚，不必担心被支持者抛弃，因而可以无所顾忌、不计后果地放手大干，跳出固有的思维模式，借助任何武器，实施“最富想象力”的恐怖袭击。因此，“独狼”恐怖形式易于复制，具有示范效应，对潜在的极端分子具有很大的吸引力。

---

① 《去年杀77人震惊世界　挪威“独狼”杀人犯不认罪》，载资讯分享-价值中国网 http：//www.chinavalue.net/Story/2012-4-17/429948.html。

② 严帅：《“独狼”恐怖主义现象及其治理探析》，载《现代国际关系》2014年第5期。

第三章　激进化的主导因素与治理维度

在西方语境下，与激进化对应的两个蕴含治理意义的术语分别为去激进化（Deradicalization）和反激进化（Counter-radicalization）。[①] 去激进化强调微观层面的干预（或矫治），主要针对那些已经接受极端思想并逐步向暴力恐怖主义发展的激进个体，采取相应的对策争取其放弃极端思想、脱离极端组织，回归社会，以实现"重塑"或"恢复"激进化个体的目标。反激进化则强调宏观层面的预防，更多从激进化产生的社会因素出发，通过立法、国家政策调控，运用社区警务等方式防止没有被激进化的风险群体抵御极端思想的侵蚀。在针对本国激进化群体制定和实施治理对策前，深入剖析本土"圣战"者们激进化的主导因素是必要的，尽管目前在西方学界，相关的理论仍没有达成一致。

有关"圣战"恐怖主义根源的理论往往集中于社会逻辑或意识形态。前一种观点认为，这个问题是世界范围内许多穆斯林面临的特别绝望的社会条件造成的；而后一种观点认为，当前的"圣战"浪潮是传播宗教极端主义的产物。本章将欧洲本土"圣战"现象与美国本土"圣战"进行比较，以此来评估西方本土"圣战""根源"的各种理论。最终得出结论，社会不满和激进意识形态的混合创造了一种个人最易激化的氛围。

一、"圣战"激进化的社会因素

近 20 年来，西方的政治科学家、社会学家和执法人员一直在研究"圣战"恐怖活动，希望得出任何可能揭示其根源的理论，进而依据这

---

① 我国学界，这两个术语通常被混用或等同，也有学者将去激进化作出广义与狭义之解释加以区分。参见沈晓晨、杨恕：《试析"反恐怖主义激进化"的三个关键维度》，载《欧洲研究》2014 年第 3 期，第 7-8 页。

些理论推断哪些群体更容易受到激进化的影响（如导致伊斯兰恐惧症）。许多学者指出，“圣战”恐怖主义不能被分解成简单的因果关系式，虽然能确定造成一个群体或个人恐怖主义倾向的因素绝不是单一的，但某些群体确实表现出高比例的激进化可能性。

（一）经济上的贫困

大约35年前，在国际恐怖主义还未出现时，普遍的观念认为贫困、缺乏教育和高失业率等社会经济条件为恐怖主义提供了肥沃的土壤。基于20世纪60年代晚期到80年代西方国家的经验，贫困滋生恐怖主义的论点就站不住脚了。因为世界上一些富有的国家（如德国、意大利、法国和美国）产生了数量较多、异常活跃的左翼恐怖组织。那些恐怖组织（如法国的“直接行动”、德国的“红军派”和意大利的“红色旅”）中的创始人、领导者和普通成员，都来自典型中产阶级家庭或中上阶层家庭，接受过大学教育。但认为恐怖主义源自欠发达国家的“贫困、绝望和怨恨”的观点仍保留了下来，并且被当作群体政治暴力根源的一个合理解释。有关中东地区恐怖主义和恐怖分子的最新研究反驳了经济贫困的论点，学者们经过大量调研得出的结论是“在社会经济条件方面，未能找到恐怖主义、贫困和受教育程度间可持续的联系，这意味着要么没有关联，要么关联很弱”。①

但当这个问题转移到对西方本土“圣战”的根源探讨时，仍然有许多西方学者解释极端贫困可能会成为恐怖主义的催化剂。这可能是基于穆斯林在欧洲国家的现实经济状况的确非常不乐观，相关的数据表明，西欧国家的穆斯林群体存在贫穷、高失业率、受教育程度低的特点。例如，2011年英国穆斯林协会（Muslim Council of Britain）的一项调查显示，2001年以来英格兰和威尔士地区的穆斯林人口增加了近一倍，但有半数穆斯林仍居住在最贫穷的地方。2011年英国人口普查的结果分析显示了英国穆斯林人口的真实生活状况：2001年，英格兰和威尔士一共有155万穆斯林人口，2011年这个数字增长到271万。2011年的普查数据显示，英国全体人口中每20人就有一人是穆斯林，

---

① ［美］L. 纳克斯著：《反恐原理》，陈庆等译，社会科学文献出版社2016年版，第145-146页。

46%的穆斯林人口居住在英格兰10%最贫穷的地区。[①]

许多研究表明，这种直观的假设在实际经验中并不能得到证明。正如保罗·史密斯所指出的那样，“贫困与失业和成为恐怖分子的人之间没有直接的联系”。史密斯继续说道，“世界上许多富裕的穆斯林占多数的国家通常会产生比贫穷的穆斯林占多数的国家更多的恐怖主义分子”[②]。尽管有大量的相反证据，但许多政治家和学者仍然认为贫穷是恐怖主义产生的根本原因，甚至永远都是根本原因。

丹尼尔·派普拒绝这一观点，他认为，伊斯兰恐怖主义实际上在财富氛围中比在贫困中能够得到更好的培养，并指出生活水平较高的个人更有可能参与到意识形态的讨论中。[③] 哈马斯的精神领袖谢赫·哈梅尔·贝塔维支持派普的观点，他认为：“那些采取殉道行动的人并非绝望或贫穷，而是我们人民中最好的、受过教育的、成功的一部分。”[④] 事实上，数据表明，大多数恐怖袭击者来自中产阶级。例如，2007年6月伦敦西区和格拉斯哥机场的爆炸行动就是由生于精英家庭的医生计划的。[⑤]

可能是因为存在一种不能显而易见的关系，尽管有相反的证据，但贫穷仍然被认为是恐怖主义的根源。例如，那些进行恐怖袭击的个人可能不一定正在遭受着贫困，而是同情他们在外国遭受巨大困难的穆斯林兄弟姐妹，而这个想法直接导致了下一个理论。

（二）社会羞辱与异化

关于恐怖主义根源的一个日益流行的理论是，无论是直接的还是间接的社会羞辱，都会增加个人的激进化。许多学者支持这个观点，认为失去尊严是“圣战”活动背后的主要推动力。穆罕默德·阿约伯说：

---

① 英国穆斯林人口10年翻一番，生活穷困潦倒，欧洲时报网，2015-02-13 http://www.oushinet.com/news/europe/britain/20150213/183062.html。

② Paul Smith, The Terrorism Ahead: Confronting Transnational Violence in the Twenty-First Century (NewYork: M.E. Sharpe, 2008), p.172.

③ Daniel Pipes, Militant Islam Reaches America (New York: W.W. Norton & Co., 2003), p.61.

④ Scott Atran, “Moral Logic and Growth of Suicide Terrorism,” Washington Quarterly Vol.29, No.2 (Spring2006): 137.

⑤ Marc Sageman, Leaderless Jihad (Philadelphia: University of Pennsylvania Press, 2008), p.48.

“伊斯兰教徒的共同点……这是对尊严的追求，这是当代西方政治分析家常常忽略的一个变量。”① 哈佛大学教授杰西卡·斯登采访了一些被监禁的“圣战”分子，指出被捕者之间的共同点是一种强烈的羞辱感。②“当有大量感到羞辱和缺乏自尊心的年轻人、当出现知道如何利用这些情感的领导人及当社会上的一部分人愿意为之提供资金时，‘圣战’就开始了”③。

一些学者以近年本土“圣战”频发的法国为例，解释社会羞辱与异化对“圣战”激进化的影响。在法国，许多穆斯林住在郊区的公租房内。这些穆斯林社区，具有高失业率、低收入、频繁的治安检查等特点，逐渐导致穆斯林移民脱离了法国的主流社会，被忽视并被忘却④。他们认为，法国所进行的一系列移民改革措施的失误是明显的，而且难以挽回，法国已经孤立了600万左右穆斯林族群。法国穆斯林中的年轻人对其伊斯兰身份更加注重，因为激进的伊斯兰“圣战”分子热衷于发动与西方世界的“战争”，他们呼吁穆斯林青年拒绝西方文化，使其感到自己被阻挡在社会之外；他们为其“讲解”伊斯兰原教义，使那些服刑的年轻人在监狱中获得“灵感”，监狱也成为法国伊斯兰激进分子的来源地⑤。

一些学者指出，当西方的穆斯林青年从电视上看到西方国家“侵略”伊斯兰世界时，他们对自己身处“傲慢”的财富世界以及与“压迫者”不道德的“合谋”感到困惑，也对自己没有提出抗议或采取任何行动感到不解。⑥ 法哈德·霍斯罗卡瓦尔认为，穆斯林感到屈辱的三

---

① Mohammed Ayoob, “Political Islam: Image and Reality,” World Policy Journal Vol. 21 Issue 3 (Fall 2001): 11.

② Jessica Stern, “Beneath Bombast and Bombs, a Caldron of Humiliation,” Los Angeles Times (6 June 2004): M1.

③ 同注8。

④ Crenshaw, Martha (1990). Questions to Be Answered, Research to Be Done, Knowledge to Be Applied. In Walter Reich (Ed.), Origins of Terrorism: Psychologies, Ideologies, Theologies, States of Mind (pp. 247-260). New York: Cambridge University Press.

⑤ ‘The terrorist threat in France has never been greater’ [‘La menace terroriste en France n’a jamais été aussi grande’], L’Express (11 September 2010), available online at http://www.lexpress.fr/actualite/monde/la-menace-terroriste-en-france-n-a-jamais-ete-aussigrande_918729.html [Accessed 20 June 2012].

⑥ Farhad Khosrokhavar, Suicide Bombers: Allah’s New Martyrs, Macey, D. trans., London: Pluto Press, 2005, p. 161.

个根源是：其一，穆斯林在经济上被边缘化，被迫处于社会弱势地位；其二，他们在其他国家，如阿富汗、巴勒斯坦和伊拉克，亲身经历了伊斯兰兄弟的屈辱；其三，他们因为西方已经影响（和玷污）了他们纯洁的伊斯兰文化而感到屈辱。①

与屈辱这个概念密切相关的是社会异化。当一个群体不愿意或不能融入更大的社会时，就会发生社会异化，就像欧洲许多穆斯林社区的情况一样。2006 年美国的《国家反恐战略》将“政治异化”确定为恐怖主义猖獗的一个条件，并指出：“跨国恐怖分子是从本国政府中没有发言权的人口中招募来的，这些人看不到促进本国变革的合法途径。如果与现行社会秩序没有利害关系，他们就很容易受到那些鼓吹基于暴力和破坏的不正当政治观点的人的操纵。”② 同年，白宫的国家安全战略指出：“从长远来看，赢得反恐战争就意味着赢得思想之战，因为正是这些思想可以将没有幻想的人变成愿意杀害无辜受害者的杀人犯。”③ 这一点引出了基于意识形态原因的下一套理论。

二、“圣战”激进化的意识形态因素

基于政治、宗教、种族的激进意识都是激发本土“圣战”的诱因，其中最具有争议和最难把握的是宗教诱因。学者布莱克斯通把宗教诱因描述为在经受了对宗教的解读之后采取的恐怖主义行为，这种刺激来自某种信仰，这种信仰相信有另外一种力量，令行禁止一切行为（Martin，2013）。比如，“基地”组织，寻求在一场“圣战”中将全世界的穆斯林教徒团结起来。同时，有必要区分宗教为辅、政治为主的情形。例如，1968 年至 1997 年爱尔兰动乱时期，当时支持爱尔兰的人主要是罗马天主教徒，支持英国的人主要是新教徒，造成动乱的首要因素是政治诱因而不是宗教原因。在伊斯兰宗教团体中也出现过宗教从属于政治目的的情况，如俄罗斯高加索地区的印古什共和国和塔吉克斯坦共

---

① Farhad Khosrokhavar, Suicide Bombers: Allah's New Martyrs, Macey, D. trans., London: Pluto Press, 2005, p. 152.

② United States White House, National Strategy for Combating Terrorism, ONLINE, 2006, http: //www. white-house. gov/nsc/nsct/2006/nsct2006. pdf [7 May 2008], p. 9.

③ United Stated White House, The National Security Strategy of the United States of America, ONLINE, 2006, http: //www. whitehouse. gov/nsc/nss/2006/nss2006. pdf [9 April 2008], p. 9.

和国，这两个国家发生的恐怖活动是基于政治矛盾，因其想脱离俄罗斯自己独立。而“基地”组织和各种各样的附属团体，如马格里布的“基地”组织，索马里青年党等，这些组织看上去都有政治目标，但明显具有宗教性质，因为其都使用了流传已久的主流宗教概念。[①]

（一）激进的意识形态

虽然“反恐战争”确实不是西方反对伊斯兰教的战争，或者更糟的是，不是基督教反对伊斯兰教的战争，但是忽视今天面临的恐怖主义威胁的宗教和神学方面是愚蠢的。恐怖主义专家布鲁斯·霍夫曼在讨论2001年和2005年自杀式恐怖分子大量增加的问题时指出，“这种趋势背后的主导力量是宗教”。[②] 身为记者的国际安全研究学者丹尼尔·本杰明认为，“‘9·11’袭击的动机并非是政治计算上的战略优势，也不是放肆的杀戮，是侮辱和屠杀那些蔑视上帝霸权的人，这是通过重申他的首要地位来取悦他”[③]。这些学者试图指出的是，宗教极端主义创造了一种环境，这种环境可以并且经常会促成恐怖主义。

宗教是恐怖主义的根本原因的观点当然不被普遍接受。持不同政见者认为，“圣战”者所倡导的意识形态与其说是以神学为基础的，不如说是以政治为基础的，因为大多数年轻的志愿者缺乏适当的宗教教育，难以发现“宗教争论中的缺陷”。[④] 学者马克·赛格曼否认宗教作为恐怖主义的根源，他认为大多数“圣战”分子在宗教方面没有受到良好的教育，他们自学成才并普遍坚持对伊斯兰教的非传统解释。[⑤] 马克·赛格曼格曼的调查结果表明，大多数伊斯兰恐怖分子都是在世俗环境中长大的，只有13%的人接受过宗教教育。[⑥]

---

① ［英］大卫·罗伊著：《警务反恐》，曹雪飞，李永涛译，中国人民公安大学出版社2017年版，第20-21页。

② Bruce Hoffman, Inside Terrorism (New York: Columbia University Press, 2006), p. 131.

③ Daniel Benjamin, Age of Sacred Terror: Radical Islam's War Against America (New York: Random House, 2003), p. 40.

④ Marc Sageman, Understanding Terror Networks (Philadelphia: University of Pennsylvania Press, 2004), p. 80.

⑤ Marc Sageman, Leaderless Jihad (Philadelphia: University of Pennsylvania Press, 2008), p. 51.

⑥ Marc Sageman, Leaderless Jihad (Philadelphia: University of Pennsylvania Press, 2008), p. 21.

布鲁斯·霍夫曼认为，激进的伊斯兰恐怖分子不仅仅是一群叛乱分子，他们利用宗教为自己的行为辩护；他们往往还是虔诚的年轻穆斯林，无论他们是否精通伊斯兰学问，都深深地信仰一套宗教原则，这些原则受到广泛的学术影响，而且几百年来一直在不断地发展。只有聆听“圣战”分子自己的剖白，才能认识到他们行动的宗教动机。“9·11”袭击行动负责人穆罕默德·阿塔自杀未遂，他为了鼓励他的追随者“殉道者”写道：“快乐、乐观、冷静……因为你要去做一件神喜爱并且会接受的事，如果上帝愿意，这一天你将和天堂里的女人一起度过。”①

（二）民族主义与西方外交政策的回应

另一种意识形态观点认为，“圣战”是一种战略性和理性的政治策略。罗伯特·佩普认为：“自杀式恐怖主义的根源是民族主义——一种社区成员的认识，他们有着共同的种族、语言和历史特征，有权在不受外国人干涉的情况下管理自己的国家。”② 布鲁斯·霍夫曼同意其观点，他认为“圣战”确实需要某种“战略逻辑”，并坚持认为“恐怖分子决定采用这种战术（自杀式恐怖主义）既不是非理性的，也不是绝望的；相反，这是一个完全理性和有计划的选择，有意识地将其作为战争工具……”③ 从这个角度来看，当前的伊斯兰恐怖主义浪潮不应该被视为情绪化或狂热的，而是一种战术或商榷的结果。

在这种范式内看待“圣战”，根本原因似乎是民族主义的混合，特别是巴勒斯坦与以色列之间的冲突及对西方外交政策的回应。许多穆斯林认为，巴勒斯坦、克什米尔和阿富汗的局势是西方反伊斯兰教的证据。保罗·史密斯指出：“这些地方冲突助长了伊斯兰教受到攻击这一说法。”④ 事实上，2005 年犯下伦敦袭击事件的“圣战”分子的动机是他们认为西方针对伊斯兰世界实施了暴行。他们发布的视频声明中引用

① “Suicide Note (September 18, 2001): Muhammad Atta,” in Rubin and Colp Rubin, Anti-American Terrorism and the Middle East, p. 276, cited in Bruce Hoffman, Inside Terrorism (New York: Columbia University Press, 2006), p. 131.

② Robert Pape, Dying to Live: The Strategic Logic of Suicide Terrorism (New York: Random House, 2005), p. 80.

③ Bruce Hoffman, Inside Terrorism (New York: Columbia University Press, 2006), p. 132.

④ Paul Smith, The Terrorism Ahead: Confronting Transnational Violence in the Twenty-First Century (NewYork: M. E. Sharpe, 2008), p. 175.

了一句话：“你们民主选举产生的政府不断对世界各地的人民进行暴行。而你们对他们的支持使你们要直接负责，就像我直接负责保护我的穆斯林兄弟姐妹并为他们复仇一样。”①

时隔十年之后发生的巴黎“黑色星期五”惨案同样印证了这个观点。2015 年 11 月 13 日晚，在法国巴黎市发生了一系列恐怖袭击事件，巴黎 10 区、法兰西体育场、巴黎 11 区巴塔克兰音乐厅等地陆续发生爆炸和枪击事件，造成至少 150 人丧生，300 多人受伤。法国是第一个加入美国反“伊斯兰国”同盟的国家，给反阿萨德的叙利亚反对派提供了物资支持，包括库尔德战士。2015 年 9 月，法国战机首次对“伊斯兰国”目标进行攻击，随后法国战机对“伊斯兰国”的石油、天然气基础设施、成员训练基地等进行了多次打击。② 显然两个月后发生的巴黎恐怖袭击是“伊斯兰国”对法国军事打击的报复。巴塔克兰音乐厅的一个恐怖分子对被劫持的人质宣称：“我们是伊斯兰王国的战士。这些全部是奥朗德的错。你们在叙利亚袭击我们的妇女和儿童，我们通过在法国袭击你们的妇女和儿童来保护我们自己。”③

然而，这种观点的反对者认为，基地组织的发展是独立于西方政策和影响的。他们认为基地组织代表的运动与美国领导的伊拉克战争不一样，与西方文化和社会有关。④ 虽然伊拉克战争肯定有助于动员基地组织，但该组织的潜在敌意源于暴力的意识形态。同样，在美国国家安全战略中，白宫辩称：“恐怖主义不仅仅是巴以问题的结果。基地组织在 9 月 11 日袭击事件的阴谋始于 20 世纪 90 年代，当时正值和平进程的活跃时期。”⑤ 斯图尔特·盖蒂伯支持这一点，他指出：“20 世纪 90 年代，美国在波斯尼亚、科索沃和巴勒斯坦实施了明确的亲穆斯林政策。然

---

① British House of Commons, Report of the Official Account of the Bombings in London on 7th July 2005, ON-LINE, 2006, http://news.bbc.co.uk/1/shared/bsp/hi/pdfs/11_05_06_narrative.pdf [March 20, 2008], p. 22.

② 《巴黎袭击后西方或将认真打击“伊斯兰国”》，载搜狐财经 http://business.sohu.com/20151115/n426531308.shtml。

③ “French mag: Bataclan an Islamist target due to Jewish owners”. The Times of Israel. Retrieved 14 November 2015.

④ Peter Neumann, “Europe's Jihadist Dilemma,” Survival, Vol. 48, No. 2 (Summer 2006): 74.

⑤ United Stated White House, The National Security Strategy of the United States of America, ONLINE, 2006, http://www.whitehouse.gov/nsc/nss/2006/nss2006.pdf [9 April 2008], p. 10.

而，基地组织及其全球意识形态只是在声望和权力上有所增长。”[①] 因此，糟糕的西方政策不足以解释“圣战”活动。至少，这不是“圣战”恐怖袭击的根本原因，尽管在一些案例中，政府政策或外交行动会成为恐怖袭击的导火索。

三、理论检验：“圣战”激进化的主导因素

（一）社会因素检验

比较美国和欧洲穆斯林面临的社会环境的差异，似乎支持了关于恐怖主义根源的社会学理论。关于社会异化，欧洲文化通常都很重视各自的历史沉淀，强调各自文化的独特性。这种态度增加了欧洲之外移民不受欢迎的程度，使他们很难融入欧洲文化中。[②] 间接的社会羞辱加上欧洲穆斯林已经面临的绝望的社会条件，加重了他们对自己处境的愤怒，并使他们更容易受到激进主义的影响。

另外，美国为自己是一个“移民熔炉”而自豪，来自不同文化的民族融合被认为是美国认同的关键价值和要素。美国社会的多样性在同化不同文化移民方面提供了明显的优势，美国穆斯林经常觉得自己既是美国人又是穆斯林。但是一个具有巴基斯坦血统的英国公民可能既不觉得自己是英国人，也不觉得自己是巴基斯坦人，而伊斯兰教徒就成了另外一种替代身份。[③]

早在 2006 年，已经有 1500 万穆斯林生活在包括欧盟成员国在内的 27 个国家，预计到 2025 年这个数字将翻一番。[④] 西欧的穆斯林人口并没有融入更广泛的社会中，他们经常生活在郊区或城市的贫民窟，生活在极度贫困和失业中。[⑤] 相关统计显示，欧洲 15 岁至 30 岁的穆斯林男

---

① Stuart Gottlieb, “Three Keys to Fighting Terrorism,” The Hartford Courant (5 December 2008).

② Marc Sageman, Leaderless Jihad (Philadelphia: University of Pennsylvania Press, 2008), pp. 94-95.

③ Farhad Khosrokhavar, Lecture in Transnational Jihadism, Yale University, 3 March 2008.

④ “Look out, Europe, They Say: Islam, America and Europe,” The Economist Vol. 379 Issue 8483 (24 June 2006), pp. 29-34.

⑤ Robert Leiken, “Europe's Mujahideen,” Center for Immigration Studies Backgrounder (April 2005), p. 5.

性失业率是非穆斯林的三倍。[1] 由于欧洲穆斯林处于绝望的社会地位，犯罪和暴力抗议活动不断增加。詹姆斯·法罗指出，“大多数穆斯林不满欧洲的表现，暴乱、基于宗教的暴力活动比美国要高 10%~50%。”[2]

美国的穆斯林移民浪潮始于 1965 年，当时美国移民法的重大改革使非欧洲移民进入美国成为可能。[3] 最初只有 10 万到 15 万穆斯林生活在美国，[4] 到 2008 年大约为 235 万，不到美国人口的 1%。[5] 美国穆斯林的社会地位与欧洲穆斯林的社会地位完全不同，美国穆斯林并不生活在孤立的社区，而是高度分散在全国各地；[6] 欧洲穆斯林的平均收入远低于其他人口，而美国穆斯林的平均收入却很高；[7] 此外，59%的美国穆斯林至少受过本科教育，使他们成为在美国受教育程度最高的群体。[8] 皮尤研究中心报告说，“美国穆斯林人口年轻，种族多样化，受过良好教育，经济上和美国公众一样富裕。”[9]

有美国学者认为，相比欧洲，美国的本土“圣战”并不严重，由于各种原因，欧洲国家的穆斯林人口似乎更容易激进。美国和欧洲穆斯林人口的差异是美国移民政策严格筛选的结果，这种制度有利于穆斯林成为中产阶级专业人士。这种看法似乎有一定道理，至少在 2013 年波

---

① Marc Sageman, Leaderless Jihad (Philadelphia: University of Pennsylvania Press, 2008), p. 69.

② James Fallows, "Declaring Victory," Atlantic Monthly Vol. 298, Issue 2 (September 2006), 65.

③ Daniel Pipes and Khalid Durán, "Muslim Immigrants in the United States," Center for Immigration Studies Backgrounder (August 2002), p. 2.

④ Daniel Pipes and Khalid Durán, "Muslim Immigrants in the United States," Center for Immigration Studies Backgrounder (August 2002), p. 3.

⑤ Pew Research Center, Muslim Americans: Middle Class and Mostly Mainstream, ONLINE, 2007, http://pe-wresearch.org/assets/pdf/muslim-americans.pdf [March 27, 2008], p. 3.

⑥ Daniel Pipes and Khalid Durán, "Muslim Immigrants in the United States," Center for Immigration Studies Backgrounder (August 2002), p. 2.

⑦ James Fallows, "Declaring Victory," Atlantic Monthly Vol. 298, Issue 2 (September 2006), p. 65.

⑧ Bret Stephens and Joseph Rago, "Stars, Stripes, Crescent: A reassuring portrait of America's Muslims," The Wall Street Journal (online), (24 August 2005), http://www.opinionjou-rnal.com/editorial/feature.html? id=110007151.

⑨ Pew Research Center, Muslim Americans: Middle Class and Mostly Mainstream, ONLINE, 2007, http://pe-wresearch.org/assets/pdf/muslim-americans.pdf [March 27, 2008], p. 15.

士顿爆炸案发生之前，美国认为自己的“移民熔炉”政策是比较成功的。相比西欧国家，美国在欢迎和吸收穆斯林进入主流社会方面要成功得多，这些成功可以在美国穆斯林青少年中得以体现，他们很容易把自己定义为美国人，这种认同感和接受感往往能防止那些曾摧毁许多欧洲穆斯林青年的危险的疏离感。

但 2013 年 4 月 15 日在波士顿马拉松比赛中发生的恐怖袭击，使这种基于贫穷和身份隔离的社会因素受到了质疑。袭击者察尔纳耶夫兄弟，俄罗斯移民，在美国生活了十多年，拥有美国国籍，受过良好教育，甚至成绩优秀。没有任何明显迹象表明他们会成为本土暴力极端分子。后期调查显示，两兄弟的袭击动机源于极端主义意识形态的驱使。

另一个典型的例子是 2015 年 12 月 2 日发生在美国加州圣贝纳迪诺的恐怖袭击案。[①] 当天上午 11 时左右，圣贝纳迪诺县公共卫生部正在“内陆地区中心”一个会场举办年终聚会，在聚会进行期间，袭击者赛义德·法鲁克“愤怒离场”，稍后与 27 岁的妻子塔什芬·马利克返回并持枪开火。造成 14 人在枪击中死亡，22 人受伤。任何一个与曾在沙特阿拉伯生活过的具有巴基斯坦血统的虔诚穆斯林身处同一办公室的人都知道，在讨论伊斯兰问题时应当谨慎和小心。也许在某次下午茶时间内讨论有关中东的政治问题都有可能导致重大的个人犯罪。哈尔鲍曼曾在南加州大学的国土安全反恐中心（Homeland Security Terrorism Risk Center，CREATE）工作，在那里研究恐怖主义，因此他在与枪手法鲁克的交往中会变得更加谨慎。如果某个同事碰巧变成激进分子，那么某次同事间简短的谈话也会使其心理从平静转为愤怒甚至暴怒，从而引发其恐怖袭击的程度。事实上，法鲁克最后在他的同事身上发泄他的怒火，调查显示他认为同事与他的聊天亵渎了神灵。[②] 这位袭击者同样受过良好的教育并有优越的经济条件，而且也拥有一份好工作——公务员。

如果在美国没有发生本土“圣战”的前提下，很容易将社会因素看作欧洲本土“圣战”者们激进化的主要原因，毕竟美国与欧洲穆斯林所处社会环境的差异——种族融合度、经济条件、受教育程度是显而

---

① Siemaszko, Corey (December 2, 2015). “Authorities Respond to Report of Shooting in San Bernardino, California”. NBC News. RetrievedDecember 2, 2015.

② Baker, Peter; Schmitt, Eric (December 5, 2015). “California Attack Has U. S. Rethinking Strategy on Homegrown Terror”. The New York Times.

易见的。但随着近年美国本土“圣战”频发，我们可以发现这种基于社会因素的激进化理由是站不住脚的。

（二）意识形态因素检验

宗教极端主义对本土“圣战”的影响比较复杂。这里要明确的第一个问题是美国和欧洲是否有激进的伊斯兰意识形态传播，答案是肯定的。激进和暴力的伊斯兰宣教方式在欧洲十分猖獗，伦敦的芬斯伯里公园清真寺、米兰的伊斯兰文化中心和汉堡的圣城清真寺是伊斯兰教极端主义宣传最突出的地方。① 激进的伊斯兰宣传在美国依然存在②，“圣战”时代最迅猛的传播是互联网。由于互联网的存在，激进的“圣战”信息无所不在。网络媒体在主张暴力极端主义中的作用是十分重要的。可以说，自“9·11”恐怖袭击以来，互联网是推动极端分子走上激进化道路最主要、最危险的方式。通过剖析一系列西方本土“圣战”分子的“演变”过程，很难否认伊斯兰宗教极端主义不是导致激进化和本土“圣战”的主要原因。

互联网提供的虚拟社区是“圣战”分子实现自我认同的重要形式。多数人在加入虚拟社区的时候，对于许多问题还没有明确的立场。随着时间的推移，他们在互动中逐渐协调自己的观点，与更加富有经验的“社区”成员进行互动，促进自我身份认同的协调和发展。在这些虚拟社区中，整体氛围是认可并接受、支持极端恐怖主义行动的观点，这种支持环境导致个体的想法根深蒂固并且越发难以转变。虚拟社区内部创建并长期保持的话语被用来传播信息、传递意识形态，宣传和推广并鼓励个体参与，这些都潜在地促进了个体和团体的激进化。在这种意义上，参与虚拟社区可以被看作通向激进化的潜在道路。对于促进激进化来说，最强有力的组合因素既包括在网上陷入激进的意识形态，也包括在现实世界中实现激进的行为举动。③

上述理论可以在多起本土“圣战”实例中找到充分的依据。圣贝

---

① Peter Neumann, “Europe's Jihadist Dilemma,” Survival, Vol. 48, No. 2 (Summer 2006), p. 73.

② Daniel Pipes, Militant Islam Reaches America (New York: W. W. Norton & Co., 2003), p. 130.

③ ［英］安德鲁·希尔克主编：《反恐心理学》，孙俊松等主译，中国政法大学出版社2017年版，第106-108页。

纳迪诺恐袭案的主导者法鲁克曾将其推特上的账号与穆斯林兄弟联盟（Muslin Brotherhood）联系在一起，包括叙利亚自由军（Free Syria Army）的官方账号和叙利亚革命组织（Syrian Revolution Network），但是其没有与 ISIS 有任何社交媒体方面的联系，因此没引起反恐部门的重视①。法鲁克的同谋是他的妻子，塔什芬·马利克，另一个与沙特阿拉伯有联系的巴基斯坦人。在她嫁给法鲁克之前，曾于 2012 年在网络上公开声称是“圣战”分子的同情者。如果马利克的社交媒体能够被调查，那么她就不会获得去美国的签证。这位女枪手在袭击过程中一度通过社交媒体向 ISIS 表示效忠②。

ISIS 宣称其“战斗”的理由是为了那些被巴格达政府边缘化被什叶派替代的逊尼派，为了因叙利亚阿萨德总统的宗教镇压而被驱逐出境的叙利亚人及为了那些在欧洲被视为二等公民，憧憬在伊斯兰“帝国”展开全新生活的穆斯林。一向擅长使用社交媒体的 ISIS 也有自己的在线杂志《Dabiq》，从 2014 年 7 月开始发行。“这并非开始，而是一个终结”，杂志说，“这是一场长达一个世纪战争的高潮，虽然其间有偃旗息鼓，但从未消亡——并且马上会迅速增长并吞噬所有。这是天启，它来了。”杂志的名字来源于叙利亚北部城市 Dabiq 的象征意义。那座城市虽小，却在历史和宗教上有着很重要的地位。“西方和伊斯兰世界的战争将在这里发生，那时将是末日。那一刻直到罗马人登陆 Dabiq 之时才会成立。”《Dabiq》的第一期引用了伊斯兰先知的预言。③

尽管目前仍有少数西方学者认为宗教极端主义与激进化无关，恐怖主义的促成因素完全是社会性的，但美国学者卡斯洛伐夫教授的观点在一定程度上可以推翻这个理论。这位学者认为非洲裔美国人面临着与欧洲穆斯林相同的困难，但很少参与本土暴力极端活动。非裔美国人和欧洲穆斯林的贫困程度都比其所在主流社会的平均贫困水平高得多。

---

① Blankstein, Andrew; Windrem, Robert; Williams, Pete; Esposito, Richard; Rappleye, Hannah (December 8, 2015). “San Bernardino Shooters Practiced for Attack a Year in Advance”. NBC News. Retrieved December 8, 2015.

② Goldman, Adam; Berman, Mark. “San Bernardino Attackers Talked ‘About Jihad and Martyrdom’ in 2013”. The Washington Post. Retrieved December 9, 2015.

③ 《ISIS 官方杂志〈DABIQ〉是如何给人洗脑的?》，载 http://www.360doc.com/content/15/1120/23/15549792_514686659.shtml。

例如，在2004年，12.7%的美国人口生活在贫困中，但是非洲裔美国人占24.7%。① 非裔美国人的家庭收入平均值（30134美元）也远低于全国平值（44389美元）。② 与欧洲穆斯林相似，非裔美国人的犯罪率高得惊人，其中非裔美国男性的犯罪率是白人男性的6倍。至少在美国是这样的。③ 然而，尽管非裔美国人面临严峻的经济困难，却没有极端主义组织招募非裔青年，并采用在欧洲频繁上演的"圣战"方式发动恐怖袭击。考虑到欧洲穆斯林和美国穆斯林及非裔美国人之间的差异，激进的意识形态也可以被认为是本土"圣战"的主导因素。

四、"圣战"激进化的治理维度

前述分析已经得出的结论是：在西方本土"圣战"背景下，社会不满和激进意识形态的混合创造了个人最易激化的氛围。对于这种观点，大多数西方国家已经形成共识，在实践中对激进化的治理也从社会因素与意识形态两个层面开展，治理路径则产生了两种维度："去"与"反"。去激进化（Deradicalization）不同于反激进化（Counter-radicalization）。后者强调预防，旨在从根本上防止激进意识和暴力行为的形成，前者则强调个体对激进主义或极端主义的"脱离"过程。

首先，就达成目标而言，"去"与"反"有明显区分。去激进化重视"风险个体"的干预，识别和界定存在被吸引支持或参与恐怖主义的风险个体，评估风险的性质和程度，并提供帮助和引导。反激进化则重点从社会整体和"风险场所"着手构筑遏制激进化产生的环境，如通过社会工作否定极端思想，推进宽容、温和、民主的价值观，实施与激进化相关的广泛社会融合工作，在发生激进化可能性较高的机构和场

---

① United States Census Bureau, Income, Poverty, and Health Insurance Coverage in the United States: 2004, ONLINE, 2005, http://www.census.gov/prod/2005pubs/p60-229.pdf [7 May 2008].

② United States Census Bureau, Income, Poverty, and Health Insurance Coverage in the United States: 2004, ONLINE, 2005, http://www.census.gov/prod/2005pubs/p60-229.pdf [7 May 2008], pp. 3-4.

③ United States Department of Justice, Bureau of Justice Statistics, Prevalence of Imprisonment in the U.S. Population, 1974-2001, ONLINE. 2003, http://www.ojp.usdoj.gov/bjs/pub/pdf/piusp01.pdf [7 May 2008], p. 1.

所，即“风险场所”进行合作并提供帮助，等等。[①]

其次，就实现方式而言，“去”与“反”也有明显差异。去激进化通常采用柔性干预措施，从意识形态入手重塑和恢复激进化个体。用替代性伊斯兰教义解释对抗“圣战”主义思想体系，通过疏导计划（心理和社会咨询），让激进个体参与宗教对话，进而引导和鼓励他们放弃激进的意识形态。在这个过程中，政府与穆斯林社区的合作成为基本实现途径且至关重要。因此我们可以发现，西方国家的去激进化政策或对策几乎都与社区警务联系在一起。

相较于去激进化的目标针对性和对象具体性，反激进化的预防目的显得模糊而宏观。反激进化的理想蓝图是通过提升穆斯林群体的社会经济地位，消除其对国家和主流社会的不满，促使穆斯林群体或个体对“圣战”激进主义或暴力极端主义形成“免疫力”，从而在内心深处不会产生或接受激进的思想意识。但这似乎是一个难以实现的命题——即使抛开前述论证的结论（贫穷不是激进化的根本原因），众多历史原因和现实因素也决定了任何一个西方国家都不可能真正地实现本国穆斯林的社会地位与经济状况的根本改变。

因此，在反激进化的范畴下，只能寻求更表象的层面来达到预防的目的。实践中，西方国家一方面运用立法（尤其反恐立法）这种刚性措施加以实现，如禁止煽动或赞颂恐怖主义，切断宣扬“圣战”的途径（关闭宣传恐怖主义的网站，加强边境防控防止穆斯林青年赶赴中东参加“圣战”）。在英国、法国等西方国家经历了规模或影响较大的本土“圣战”之后，都会颁布相应的反恐立法。从这个意义上来看，反激进化似乎与反恐没有本质的区别。

反激进化的另一种实现方式则是社区参与型警务模式——近年来社区警务发展的一种新模式。社区参与是对国家安全、情报和执法人员专门工作的有效补充。基于社区能够更易识别激进分子的理论，社区成员在某种程度上可以扮演情报与执法人员的角色，通过监视、报告，阻断激进化的形成。此外，结合激进化的社会形成因素，社区是产生激进分子的基本环境，关注社区并听取其需求，提升社区生活品质，在一定程

---

① 沈晓晨、杨怒：《试析反恐怖主义激进化的三个关键维度》，载《欧洲研究》2014 年第 3 期，第 7–8 页。

度上可以消除社区成员的不满，从而防止某些社区成员激进化。西方国家的去激进化与反激进化的具体内容，笔者将在后续的章节中详细阐述。

在谈论去激进化时，再次出现了学者们争议的热点，如何界定“脱离”的标准呢？是意识形态的脱离还是暴力行为的脱离？脱离的过程似乎含混不清。学者格那塔拉认为，“脱离”是意识形态非激进化的必要条件。在人们的理解中，去激进化通常被认为与脱离恐怖组织及其意识形态相同。然而，去激进化一词主要是指对某些价值观、态度和观点的认知排斥——换句话说，是一种思想的改变。尽管人们倾向于认为，首先是意识转变，然后才是脱离——行为上远离暴力恐怖主义行为——但这并不一定如此。①

有些学者关注的则是极端分子在不改变激进思想的前提下停止暴力行为的脱离状态。约翰·霍根将去激进化细化为心理上和身体上的“脱离”。他与托尔·比约戈曾令人信服地辩称：“没有明确的证据显示去激进化是脱离恐怖主义的必要伴随物。”他们认为，大多数先前的暴力极端分子并没有改变他们的认知框架，而是改变了他们的实际行为。换句话说，没有去激进化的脱离可能是规则而不是例外。② 约翰·霍根自 2006 年以来对曾经的暴力极端分子进行了数十次采访，得出结论：“虽然几乎所有的被采访者都可以被描述为脱离了武装，但他们中没有一个可以被称为脱离了激进化。”组织层面的脱离也被概念化为一个阶段或阶段过程，即声明性脱离——行为上的脱离——脱离组织——去激进化。③

如果仅从意识形态层面判断极端分子是否“脱离”极端主义或激进主义，这不仅是一个技术难题，实际上也是难以实现的，因为意识形态的评价总是主观的。基于极端分子的激进意识总是以暴力行为作为外在表现，将“脱离”的标准停留在行为特征层面似乎更加可行，因为

---

① Rohan Gunaratna, Jolene Jerard and Lawrence Rubin, Terrorist Rehabilitation and Counter-Radicalization (New York: Routledge, 2011), p. 1.

② John Horgan, Walking Away from Terrorism (New York: Routledge, 2009), pp. 31-39.

③ John Horgan and Max Taylor, "Disengagement, De-radicalization and the Arc of Terrorism," in Jihadi Terrorism and the Radicalization Challenge, Rik Coolsaet, ed. (Burlington, VT: Ashgate, 2011), p. 174.

可以找到客观的评价标准。欧洲的“劝退”项目（Exit Programs）即使用行为上的脱离作为去激进化成功的关键指标。

目前，去激进化项目（De-radicalization Programs）在许多西方国家，如英国、荷兰、丹麦、德国起到了明显作用。有针对性的干预措施、热线电话、职业培训和教育、咨询和劝退程序（Exit Programs）被认为是重塑和恢复极端化个体的重要工具。这些方法在一些非西方国家中，也取得了突出的成就，这些指导行为包括通过受人尊敬的牧师对其进行宗教教育、心理咨询、帮助其融入社区和家庭、职业培训等参与措施。[①] 例如，沙特阿拉伯、埃及、巴基斯坦、阿尔及利亚等地，政府指导改变人的内心和思想，并使得已经被定罪的恐怖分子嫌疑人感到自责、忏悔，放弃暴力重新融入主流的政治意识形态、宗教与社会。总之，采取一定程度的“柔性”措施来预防和干预本国穆斯林投身恐怖主义活动，在某种程度上已经成为许多西方国家的共识。但不同于大多数西方国家，如英国、荷兰等，美国和法国更倾向于利用“刚性”安全措施（监控、逮捕、起诉）来防止极端化。

① John Horgan, Walking Away from Terrorism (New York: Routledge, 2009), pp. 31-39.

第四章　西方国家治理激进化的路径选择

虽然十几年来西方学界对激进化或极端化的概念与途径有深入的研究和探讨，但就像恐怖主义或暴力极端主义的命题一样，至今也没有形成完全统一的认识。根据主流学术观点，激进化至少需要结合三个要素：一个被（不满情绪）异化的个体、一种被合法化的（极端主义）意识形态和一个有利（于激进化）的环境——尽管这些要素对催生激进化的作用程度并不一致。西方国家对激进化的治理实践也充分加以印证了上述观点：通过严格的反恐立法控制被异化的个体，通过有针对性地干预与教育重塑正确的意识形态，通过建立和加强社区参与（也被认为是反恐社区警务的核心内容）消除有利于激进化的客观环境。

一、西方国家治理认识上的转变

自 2001 年“9・11”恐怖袭击发生之后，西方国家（尤其是美国）的安全专家、执法人员与政府领导一直预测会发生另一起恐怖袭击。尽管美国和其他西方国家通过数十亿美元的投入，从情报、培训和政策方面极大地改善了国家安全状况，但人们已经清醒地认识到，无论一个国家的安全防卫体系多么先进和完善，恐怖分子都会发现体系的漏洞并加以利用。多年来，西方国家一直预测会发生某种形式的攻击，但是袭击会在哪里发生？何时发生？谁去发动？无人知晓。

在举世震惊的“9・11”事件之后，以美国为首的西方国家认识到国际恐怖主义的危害，投入大量财力从情报、司法和执法领域改善和提升反恐能力。“9・11”后的十年间，本・拉登和“基地”组织占据了西方公众的视线。在阿富汗和伊拉克的战争中，在也门、巴基斯坦、沙特阿拉伯和其他国家的联合行动中，美国及其西方同盟国家集中军事力量打击跨国恐怖主义，“基地”组织的资金被切断、领导人被击毙、通信被截获。尽管美国在盟国的帮助下消灭了“基地”组织的核心力量，但无法终结恐怖主义的袭击。

（一）克服传统思维方式

西方国家的担心很快就变成不幸的现实。2004 年 3 月 11 日，几名恐怖分子在西班牙马德里的一辆通勤列车上放置了炸弹，爆炸导致 190 人丧生，受伤人数超过 1500 人。2005 年 7 月 7 日，4 名被认为受“基地”组织指使的英国人在伦敦三辆地铁和一辆巴士上引爆自杀式炸弹，造成 52 名乘客遇难，700 多人受伤。2012 年 3 月，自称“基地”组织成员的阿尔及利亚裔法国人梅拉赫于 12 天内在法国南部连杀 7 人。2013 年 4 月 15 日，在美国波士顿马拉松终点线上，扎尔纳夫兄弟在人群中放置炸弹，附近的数百人被弹片打中，最终造成 3 人死亡，264 人受伤……

国际恐怖分子在海外策划和发动针对美国等西方国家的袭击能力和机会是有限的。航空和移民安全、广泛的情报搜集和日益警惕的公众使另一个“9・11”式袭击变得不可能。但是，当恐怖主义来源于国内人口时，通常很少会有警示，一旦本土的恐怖袭击者开始行动，就很难发现并阻止他们。这些以“圣战”为名的本土袭击者们大多是穆斯林移民，在西方国家接受了教育，很大程度上也是在本国接受了极端主义意识形态。

在对 15 年来西方国家发生的本土“圣战”恐怖袭击进行分析之后，必须承认，完全的安全，永远不发生恐怖威胁是不可能的。无论西方国家的国土安全技术多么有效，过程多么精细，都难以完全摆脱本土恐怖主义的威胁。本土恐怖分子对西方的威胁并不像其想象的那样清晰明了。当波士顿爆炸案发生之后，美国联邦调查局和其他情报机构迅速行动起来，每一个潜在的无人看管的袋子或身份不明的人都成了嫌疑犯。袭击发生之后的数小时内，执法部门严重怀疑一名参加马拉松比赛的“沙特国民”。这个人被弹片击中，在医院被武装警察监视。虽然最后他被确认为只是数百名爆炸袭击的受害者之一，但是在事实还没有被证实的情况下，他就受到调查机关的怀疑，怀疑的主要依据是他是外国人，尤其是信仰伊斯兰教的中东人。

这揭示了西方国家最初对恐怖主义理解的严重错误，即错误地认为袭击者必然来自其他国家，他们必须看起来有不同的外貌、不同的信仰和不同的国籍。然而，一系列西方本土“圣战”恐怖袭击表明，这是一个错误的观点，意识形态在决定本土恐怖主义与国际恐怖主义之间无关，重点是其极端意识形态是在哪里被接受的。几天后，调查机关发现扎尔纳夫兄弟才是真正的袭击者，随后的搜捕更以戏剧性的枪战和对峙结束。扎尔纳夫兄弟俩在美国生活了十多年，受过良好的教育，虽然在爆炸案发生之前哥哥曾赴中东“旅游”，但没有任何明显迹象表明他们会选择恐怖主义。

（二）理解激进化途径

另一个西方本土“圣战”者是法国的穆罕穆德·梅拉赫，在图卢兹长大，认识他的当地居民对其描述是“友善、平和、有礼、慷慨”，并认为他“不是一名极端分子”，更像是一个“时下的年轻人”。尽管梅拉赫有多次违法记录，其中部分涉及宗教极端主义，也曾前往阿富汗和巴基斯坦。但是从表面上看，梅拉赫的生活和行为方式与普通人无异，即使是执法机构也难以确定他到底是在什么时期激进化的。

2016 年 7 月 14 日晚，法国国庆日的尼斯，一辆卡车高速冲向人群，司机还拿出枪进行扫射，造成 77 人死亡、数百人受伤。[①] 袭击者穆罕默德·布莱勒具有法国和突尼斯双重国籍。据其周围的人描述，他是一个并无宗教敬畏心的人，平时也不遵守伊斯兰教义。但在袭击发生前不久，穆罕默德·布莱勒的行为方式却发生明显改变，对“伊斯兰激进主义运动”表现出“某种兴趣”。他曾连续 8 天蓄须，并称此举具有宗教含义，他还对“伊斯兰国”的领土诉求不被承认感到不满。[②]

从国际恐怖主义发展到本土恐怖主义，从有组织的大规模恐怖袭击发展到“独狼”式小规模“圣战”袭击，从爆炸发展到枪击、车辆撞击……本土恐怖主义似乎无孔不入，防不胜防。近 20 年来，西方国家所遭受的一系列恐怖袭击事实表明：一个绝对可靠的安全体系和统一的恐怖主义威胁是不存在的，没有哪一种单一的力量（情报、执法、司法或军事）能够防止本土恐怖主义。应对本土“圣战”的挑战，需要

---

① 《法国尼斯发生恐怖袭击至少 77 人死亡》，载凤凰财经 http：//finance. ifeng. com/a/20160715/14600831_ 0. shtml。

② 2016 Normandy church attack-Wikipedia，the free encyclopedia https：//en. wikipedia. org/wiki/2016_ Normandy_ church_ attack.

运用更加睿智和综合的观点，从产生本土恐怖主义的根源入手，打击通过激进化过程来推动个体的极端主义意识形态。

对西方国家的许多人来说，本土恐怖主义或（美国所称的）暴力极端主义已经成为伊斯兰激进主义的代名词。但这种认识并不正确，西方学者也对此有深入的论述。宗教信仰只是将激进意识形态合法化的一种形式，而激进或极端的意识形态的外在社会表现则是暴力活动。归根结底，推动本土恐怖主义或暴力极端主义的不是意识形态本身，而是多种因素的结合。在这种条件下，人们可能从极端主义言论跨越到暴力行动，这正是激进化实现的途径。

尽管在前述章节中我们提到过传送带模式、金字塔模式和阶梯模式等西方学界几种典型的激进化模式。但事实是，本土“圣战”者们的激进化途径，并不是简单地由一系列不满开始，以暴力袭击结束，且发展道路上具有明显的阶段性标志。实际上这是一条复杂而多变的社会层面、意识层面（或心理层面）道路，每个“圣战”者激进化进程都具有差异性，导致一个人接受极端意识形态的原因可能对另一个人就没有同样的影响。

激进化进程通常以“认知的开放”使一个人产生不满的经历，反过来会使人更容易接受极端主义意识形态。西方国家本土“圣战”者们的不满是多种多样的：身份冲突、不公正待遇、社会经济排斥等。关键的问题是，没有办法知道一个人会因为哪种不满情绪、在什么阶段内转化成极端意识形态或进一步发展（外化）为暴力行为。对于后者，通常以恐怖活动作为终结，对于前者，却难以洞察和发现，因为许多人虽然持有极端主义观点，却不从事暴力活动。

二、社区参与型反激进化：以荷兰为例

在 2005 年英国社区参与型反激进化策略《预防》实施后，越来越多的西方国家开始效仿或借鉴，其中也包括美国。许多西方学者认为：反激进化需要一个更加全面的、以社区为基础的方式。这种观点得到国家政策制定者的认同。在反恐资源有限的前提下，鉴于对社会安全存在的种种威胁，以及可能在任何地方、任何时间发生的模糊的、经常被忽视的激进化进程，具有最大能力识别和帮助阻止暴力极端行为的，正是那些生活在有激进分子存在的社区的人们。

民众参与是对国家安全、情报和执法人员专门工作的有效补充。每一个恐怖分子都有家庭、朋友，还有其居住和工作的环境。没有人比在当地社区生活的居民更了解社区。在通往极端主义的漫长而复杂的极端化道路上，了解当地社区的人更能够识别那些容易转变为极端分子的个体，也更能对个体在信仰和行为方面发生的异常变化作出迅速反应。

社区的不作为会给宗教极端主义提供一个有利的环境，通过默许极端主义思想或者在遇到一个寻求意识形态合法化的个体时采取模糊的态度，允许极端主义发酵，有时会演变为暴力。相反，愿意报告可疑活动的或具有警惕性的社区成员会为国家安全提供更广泛的信息资源，可以帮助破坏激进化进程，从而破坏恐怖主义。

（一）认识论的突破与两种模式

20 世纪 70 年代以来，欧洲和美国的犯罪与安全治理方式发生了巨大变化：一方面，传统的刑事司法体系仍然作为控制犯罪的基础；但同时，“福利与安全重叠”（Overlapping of Welfare and Security）的观点产生并日益受到重视，由此产生的“预防性伙伴关系”（Preventive Partnership）被认为是当代犯罪控制理念的重大改变。

在过去的 25 年里，西方国家实现了“认识论上的突破”，其中预防犯罪和社区安全是控制犯罪的主要创新之一。① 国家建立了“全新的政策基础”，以社区为中心的措施和社区合作关系成为政策核心，完全区别于早期减少犯罪的方式（如刑罚和起诉）。警务与刑罚之间产生了“第三种政府力量”，将犯罪防控组织、公私合作关系、社区警务联系在一起。这就是西方学者所说的从“刑罚福利主义”（Penal Welfarism）转变为“双重政策体系”（Dual System of Policy）②。不同于刑罚福利主义的惩罚性隔离特征，双重政策体系意味着增强控制和预防性合作关系，一方面，将权力从中央下放到地方，以利于通过社区合作控制犯罪；另一方面，强调对犯罪的预防与修复（Rehabilitation）③。

---

① Crawford, A. （2009）. Introduction: The preventive turn in Europe. In Crawford, A. Crime Prevention Policies in Comparative Perspective. Devon: Willan Publishing, p. 15.

② Cochrane, A. & Newman, J. （2009）. Community and policymaking. In Mooney, G. & Neal, S., Community: Welfare, Crime and Society. New York: The Open University, p. 16.

③ Garland, D. （2001）. The culture of control: Crime and Social Order in Contemporary Society. Chicago: University of Chicago Press, p. 21.

安全与福利的重叠被认为是刑事司法体系出现危机的后果：记录在案的犯罪数不断上升，刑事司法系统超负荷运转，惩罚犯罪的效率不断下降。人们越发意识到控制犯罪需要大量的社会成本和经济成本，而刑事司法的作用却越发有限。在此背景下，“情景犯罪预防”与“社会犯罪预防及社区安全”两种理论应运而生，前者旨在通过改变环境减少犯罪，后者则强调社区发展。与传统刑事惩罚措施相比，这两种方式都被认为具有更强的有效性和更弱的破坏性。

安全与福利的重叠使得社区的重要性得以凸显：社区通常被认为是良好社会关系的象征，通过关怀、信任和社会契约有效控制犯罪。尽管社区也可能因其具有高度的“情感共鸣”特征而产生消极影响，如歧视和限制个人自由。但是，社区可以加强社会凝聚力，“建立在信任和相互尊重基础上的社区关系更有可能对恐怖分子的袭击提供预警”[①]。

在西方各国面临本土“‘圣战’主义”的威胁之下，社区警务被西方学界认为是反恐的有效方式，尽管有一些学者对社区在反恐中的作用持怀疑态度，但西方主流观点仍然赞成将社区运用于对抗本土恐怖主义或暴力极端主义，并列举了充分的依据：第一，国家主导的政府通常因为人力不足和经费短缺而处于被动局面，如将部分政府责任转移给民间社会则可以减轻一些负担；第二，它将加强“警务自治社会”（Self-policing Society）的发展，社区可以发现有犯罪倾向的社区成员，社区与警察的联系可以吸收更多合作人员，带动更多社区成员“靠近”国家；第三，“我们同在”的信念可以使政府传统的反恐对策运作得更加有效；第四，传统反恐措施的成本相当高昂，社区警务可“在某种程度上减少这些成本”。[②] 由此，西方社会出现了反恐语境下的两种社区警务模式：社区导向型[③]和社区目标型。

西方国家的反恐政策与实践传统上都是“以社区为目标”，即以国家安全为导向，以社区为目标收集情报和采取执法措施；重点是通过警

---

① Mooney，G. & Neal，S.（2009）. Community：themes and debates. In Mooney，G. & Neal，S.，Community：Welfare，Crime and Society. New York：The Open University，p. 2.

② Institute for Strategic Studies（2010）. The role of civil society in counter-radicalization and de-radicalization：A working paper of the European Policy Planners' Network on countering radicalization and polarization（PPN）.

③ 有些西方国家称为“社区中心型”，如荷兰，但美国和欧安组织都用社区导向型。

察执法（截停与搜拍[①]）、秘密侦查和收集情报来调查有嫌疑的恐怖分子，挫败恐袭阴谋。这种方式很少或根本不涉及与社区建立协商或合作关系，其目的不是获取社区成员的信任和支持，因而也很少考虑到他们的不同需求及反恐政策对他们的影响。

"以社区为导向"的反恐政策旨在促使社区成员参与决策和执行，并最大限度地获取其信任和支持，同时还考虑到他们在种族、宗教、政治、情感等方面的差异性和复杂性。基于社区和政府当局之间互相信任的合作关系，能够促进社区支持和参与各种反恐战略、政策和措施的拟定、执行和评价。简言之，反恐政策是以社区安全，而不是以国家安全为导向制定和实施的。人们越发认识到公众和社区是反恐的利益相关方与合作伙伴，而不仅仅是执法活动的被动目标。

（二）综合方式的运用——以荷兰为例

继2002年政治家皮姆·浮图因在希尔弗瑟姆遭暗杀，2004年著名电影制片人西洛·凡·高[②]在阿姆斯特丹遇袭身亡之后，荷兰针对"'圣战'主义"加强了反恐演习。2003年，荷兰首次提出"以社区为中心"和"以社区为目标"的综合方法预防和打击恐怖主义，司法部宣称"综合方法应被视为荷兰反恐怖主义的基础"。[③] 综合方法随后被纳入《反恐怖主义和保护社会》（Terrorism and the Protection of Society）立法中，为国家和地方政策中将两种措施的结合提供了发展空间。

立法将"社区为中心"的方法定义为"一种反对暴力行为的措施，以解决问题的视角，通过提供服务和社区反馈在当地居民中建立其更加牢固的关系"。提供社区服务的行动者们（Community Actors）包括社区警察、政策顾问和社会福利组织。相应地，"以社区为目标"的方法则被界定为"由各种类型的国家安全人员对准备实施或者已经实施暴力

---

① Stop-and-search.

② 荷兰电影制片人兼报章专栏作家特奥·凡·高（ThéoVanGogh）2004年在荷兰首都阿姆斯特丹街头遭到枪杀。他是已故著名画家凡·高（VanGogh）的远亲，他8月执导的一部纪录片描述了4名穆斯林女性的故事，对妇女在伊斯兰世界的现状作出抨击。影片播出后，凡·高接受到多次死亡威胁，最终在街头遭到一名极端伊斯兰教徒的枪杀。《凡高遭伊斯兰分子暗杀凸显荷兰种族冲突》，载新京报 http：//news. ifeng. com/world/detail_ 2010_ 05/07/1492825_ 0. shtml。

③ Hansen，K. （2008）. The municipality between central state and local self-government：Towards a new municipality. Local Government Studies，23，4，44-69.

行为者的镇压手段”。由于荷兰政府所认为的“恐怖袭击始终将在某一个城市发生”，因此必须将反激进化计划纳入地方政策领域。① 据此，曾经由国家授权的某些反恐责任和任务被转移到了地方政府。

2007 年，综合方法正式被写进《反两极化与激进化行动计划》（Action Plan Polarization and Radicalization）中，由于政府经费问题，该计划于 2011 年正式结束。② 在此期间，反恐怖主义实践从国家层面转向地方层面，社区行为者的角色定位也随之改变为“构成社会运作基础的自愿公民、社会组织和机构的综合，而不是国家或市场的结构”。国家和地方机构之间反恐行动的凝聚力和协调性不断加强，2008 年，在荷兰与恐怖主义有关的刑事调查中，有接近一半（29 起中的 14 起）的案件是由地方警察部队调查的。这是反恐权力下放的结果，意味着将中央政府指导下的反恐任务转移到市级，实现“共同治理”。③

2014 年，荷兰重新制定了反激进化政策《反激进化与“圣战”主义行动计划》（以下简称“2014 行动计划”）（Action Program Integral Radicalization and Jihadism），其仍然贯彻了“以社区为中心”和“以社区为目标”的综合方法。在遵循国家政策的前提下，国家仍确保荷兰地方政府的主导作用，即地方政府有权根据自身情况制定反激进化政策。④

多年来，荷兰国家反恐政策的重点仍然集中于“以社区为目标”的方法：监控公共区域，采用监视、侦查和执法措施，撤销激进行为实施者或预备者的（荷兰）公民身份，限制出境等。其中，公共区域的监控与监视由社区行为者实施，而限制出境和撤销公民身份则分别由司法部和检察署完成。相反地，地方政府的反激进化政策则更多运用“以社区为中心”的方法，强调通过一系列社会、政治、法律、教育和

---

① Houdt, F., van & Schinkel, W. (2013). Crime, citizenship and community: neoliberal communitarian images of governmentality. The Sociological Review, 1-21.

② Husband, C. & Alam, Y. (2011). Social Cohesion and Counter-Terrorism: A Policy Contradiction. Bristol: Policy Press.

③ Dool, L., van den, Hulst, M., van & Schaap, L. (2010). More than a Friendly Visit: A New Strategy for Improving Local Governing Capacity. Local Government Studies, 36, 4, 551-568.

④ Institute for Strategic Studies (2014). Government Engagement and Communication Strategies with Communities.

经济措施，阻止不满的个体（可能已经激进化）越过界限成为恐怖分子。[①] 这些措施包括宗教会议、职业发展研讨会、指导教师等政府或社会行为者辨别激进化或“报告”可能的嫌疑者，为年轻人建立面对面对话的平台。它们由社区行为者执行，作为社会控制的代理人，他们虽然并不享有正式的警察权力，但却与警察们在一起工作。[②]

自 2004 年开始，荷兰的反恐实践从国家转向地方之后，市政当局和社区行为者负责制定当地的反恐政策，尤其是反激进化措施。由于国家反恐政策强调综合运用“以社区为中心”和“以社区为目标”，两种看似矛盾的方法，给社区行为者的反激进化工作带来不小挑战。基于国家和地方政策的假设和观点，社区行为者形成一种认识：其中大多数年轻的荷兰穆斯林是激进化的嫌疑人。沿着这种思路，社区行为者设计了他们所认为的激进化内容及应对计划。反激进化措施是一种政治工具，社区行为者易于构建了一个异常的“他人”，即将穆斯林打上激进化的“标签”。[③]

为了避免这种消极后果，社区行为者在反激进化时更倾向于采用“以社区为中心”的方法，如培训和跨文化对话，作为增加“积极公民身份”和“社会融合”以减少启示和社会孤立感的有效措施。“以社区为中心”的方法被认为特别适合提高包容性，因为其关注社区群体和个体的需求，而不是委派社区成员完成什么任务。社区行为者保持与社区成员的密切联系，加强与当地清真寺的合作，以便明确社区成员的需求，从而增强社区成员的归属感。

同时，市级激进化政策可能会威胁到社区与社区行为者之间的信任程度。社区行为者强调几种信任方式的建立：以平易近人的态度与社区成员或合作伙伴（清真寺）直接接触，并且是长期和频繁地接触，采取实际行动切实解决他们提出的问题，以“开放”和“透明”的方式

---

① Schmid，A.（2013）. Radicalisation，Counter-radicalisation，Counter-radicalisation：A Conceptual Discussion and Literature Review. International Centre for Counter-Terrorism，p. 50.

② Crawford，A.（2008）. Plural policing in the UK：policing beyond the police. In Newburn，T.，Handbook of Policing. Devon：Willan Publishing，p. 158.

③ Eatwell，R. & Goodwin，M.（2010）. Introduction. In Eatwell，R. & Goodwin，M.，The New Extremism in Twenty-First-Century Britain. London：Routledge，p. 37.

展示工作的意图，从而避免被误认为是社区的“监视者”。[①]

“以社区为中心”（跨文化对话和培训）与“以社区为目标”（执法和监视）两种方式的综合运用是荷兰反激进化战略的显著特点。较之其他西方国家（如英国、美国）主要“以社区为目标”反激进化，且以国家而非地方政府作为主要实施主体的方式似乎更加全面，效果也更加显著：地方层面的反激进化政策有利于对公民中的“危险”分子进行标识，这些人威胁到了包容性社区的存在，并降低社区行为者、社区成员、国家和地方合作伙伴之间的信任度。“以社区为中心”的方法虽然掺杂了“以社区为目标”的方法（监视和报告），但社区行为者承认，如果说需要用一种苦药来对抗激进化，将“以社区为中心”的方法作为抹在苦药上的一层糖，会使他们更容易吞咽。[②]

三、国家安全导向型反激进化：法美两国比较

如前所述，对极端化（激进化）的理解和定义，直接影响到各国对极端主义的治理政策。欧洲的学术观点认为具有激进的观点和想法是政府采取干预措施的门槛，但英美法系国家实则把这个标准提升到涉嫌暴力行为。学者纽曼认为：从这个角度来看，公民享有几乎绝对的言论自由。公民的政治观点，无论是极端主义观点还是反民主观点，攻击性的还是分裂性的，只要其采用和平的或其他非禁止方式表达出来，政府都不会加以干预。[③] 白宫的《反暴力极端主义战略》实际上也秉承这种理念，依据美国宪法“承认言论自由，即使公民的言论是宣扬亚文化或仇恨的观点”。对非法行为（暴力的或者其他禁止方式）的强调是为了避免执法机构对言论主体产生基于政治偏见的怀疑；对极端思想的关注可能会被认为是对持不同政见者的打击或者对言论自由的破坏。不过，一旦激进思想转变为非法行为，政府就要采取相应地措施予以干预，让执法机关辨识激进分子，并对其暴力行为采取进一步的措施。

---

① Institute for Strategic Studies (2014). Government Engagement and Communication Strategies with Communities.

② Eijkman, Q., Lettinga, D. & Verbossen, G. (2012). Impact of Counter-terrorism on Communities: Netherlands Background Report. Institute for Security Dialogue.

③ Peter Neumann, “Europe's Jihadist Dilemma,” Survival, Vol. 48, No. 2 (Summer 2006), p. 112.

相比实施“多元文化”的英国，法国的反激进化策略与美国更加相似。尽管作为两个西方民主国家，法国和美国的政治体系与文化传统存在重大差别。美国的分权制与联邦制旨在限制（总统的）行政权力，而法国的半总统制，则将权力集中在法国总统和巴黎政府手中。虽然法国的反恐制度为许多美国学者和政策制定者所研究和褒扬，但也不乏一些告诫：多数法国策略以美国的法律标准来看并不可行或是不能够被接受的，比如赋予国内安全机关以及反恐预审法官过大的权力，以至于他们手上掌握了预防、调查和惩罚的综合权力。

不过，法国与美国的反激进化策略更多的是相似之处：两个国家都很晚才开始反激进主义。尽管具体原因各有不同，但是两国对激进主义观念的转变都是受到日益增长的“圣战”分子的暴力行径的刺激后产生的。2009 年纽约地铁爆炸阴谋促使奥巴马政府政策的改变；法国奥朗德政府则是在 2012 年穆罕默德·梅拉赫袭击发生后，在归国“圣战”不断增加的背景下开始重视激进化问题。尤其明显的是，两个国家都采用了以国家安全为中心导向的模式来对抗激进化。其强调镇压与司法措施的运用，借由强有力的预防性反恐工具和实质性法律条款支撑生效。无论是法国还是美国都没有“重塑”（Reintegrate）那些被拘留或起诉的，或者处于监视和逮捕之下的归国的“战士”。在美国，柔性反激进化或去极端化策略仍然不受重视，尽管柔性策略研究和社区参与的方式也受到一些关注，但仍然是模糊的、暂时的、零散的。柔性策略在法国依旧遭到排斥，监狱伊玛目意为领拜人的数量还是很少，其地位也并未改变，而且反恐协调单位 UCLAT 还接手了国家电话帮助热线①。总之，在法国和美国这两个国家，虽然柔性反激进化或去激进化策略使用的数量与范围在缓慢增长，但仍然处于非主导地位。

美国和法国反激进化的方式也存在差别。法国方式更加深入，因为法国有国家电话帮助热线，其从草根阶层开始展开反激进化和预防极端化。在法国，有更多跨行业的非安全导向型政府部门（Non-security Oriented Government Agencies）的参与；而在美国，尽管一致在讨论除执法机构以外其他政府部门的参与，但实际上仍主要由执法机构实施。基

① Reuel Marc Gerecht and Gary Schmitt, “France: Europe's Counterterrorist Powerhouse,” American Enterprise Institute, European Outlook No. 3 (November 2007), p. 2.

于暴力极端主义涉及暴力犯罪需要执法机构干预的理由，美国暂停了短暂实施的国家计划，强调应与地方社区建立起信任、合作、支持的关系，以帮助社区对抗“极端化”，但实践中并没有一个具体的、全国范围内的去极端化或预防性的干预机制（除非针对已经向暴力极端化转变的个人）①。近年来，美国开始尝试在地方层面展开“去极端化”策略（比如明尼苏达州）。

另外，法国对激进主义的认知与美国有很大不同。法国通过了大量的法律来处理激进的言论、演讲和思想，但这在美国看来是不可思议的，因为美国宪法保护公民的言论自由，所以美国政府主要关注的是暴力活动或暴力行为。美国反激进化的官方术语——反对暴力极端主义，就是其关注暴力行为的典型体现。不同于法国和其他欧洲国家，美国政府不会试图反激进主义，取而代之的是反暴力极端主义，其关注之处在于非法的行为而不是激进的思想。

美国在对抗“极端化”战略中术语的表达方式与不加干涉的特点是多种因素综合的结果。白宫《反暴力极端主义计划》中明确提道：“美国的社会结构持续不断地将那些来自各种背景和生活方式的移民编织在一起”②，这种意识形态上的争论是导致没有发生“‘圣战’激进化”的根本原因。根据 Pandith 的观点，美国政府一直在努力发动一场“意识形态上的战争”，并且一直忽略了可以起到重要作用的“软策略”③。在一个融合各个人种、种族、宗教的移民国家，其文化具有高度的敏感性，很难孤立某类特殊群体或社会的某个组成部分。事实上，美国国内在批评媒体和国会夸大了对“圣战”暴力极端主义的关注，因为自“9·11”事件后，右翼恐怖分子在美国杀害的人数要远远高于“圣战”分子。由于“‘圣战’激进化”通常与特殊的宗教联系在一起，所以会进一步引发政府应如何参与其中的问题。美国版本的世俗主

---

① Adam Goldman, “An American Family Saved their Son from Joining the Islamic State: Now He Might Go to Prison,” Washington Post, September 6, 2015.

② White House, Empowering Local Partners to Prevent Violent Extremism in the United States (August 2011), p. 1.

③ Farah Pandith, “The Rise of Radicalization: Is the U. S. Government Failing to Counter International and Domestic Terrorism?” Hearing before the U. S. House of Representatives Committee on Homeland Security, July 15, 2015.

义、政教分离的概念禁止政府干涉任何宗教事务。

当然，法国对世俗主义的解释也影响了法国“反‘圣战’激进化”的方法。世俗主义（政教分离）禁止宗教涉及公共领域，也禁止宗教事务影响政策制定，因而在反激进化领域需要一种跨行业的方式（即使见效很慢）。同时，恪守法国共和主义世俗理念，使得选择其他反激进化方式也富有挑战性。近期一位法国政府前官员的报告强调：需要温和的穆斯林精英，尤其是宗教领域的精英共同致力于政府的反激进化事业——帮助穆斯林社区不会被“玷污”。这份报告进一步批评了管理宗教的政府部门，仍然秉持内政部以安全为导向的理念，以至与政府一起工作的穆斯林代表被穆斯林社区认为是政府的“副警长”。因此，报告总结道：各个行政部门都倾向于以安全导向型方式回应恐怖分子的“宣言”。①

然而，意识形态领域的争论还是逐渐显露出来。尽管法国多年来都在积极提升共和国价值理念（世俗主义），但是近年来也展开了一些关于意识形态交流和战争理念的投入。政府建立了一个名叫“阻止‘圣战’主义”的网站，用来向“脆弱”个体的家庭或亲属提供对抗“圣战”意识的方法和主意。该网站平台会公布相关文件和视频宣传反“圣战”主义，从而预防国外恐怖组织通过在线方式招募本土“战士”。尽管该网站自 2015 年 1 月建立至今访问量已经超过 200 万次，其效果如何不得而知，但至少“这不是针对‘圣战’主义媒体的唯一回应，因为我们已经听到了国家努力的声音”②。因此国会委员会的报告提道：“为了更有效率，必须由与年轻人有联系的协会或受人尊重的公众人物来引导‘对话’”。委员会呼吁创设一个非政府性的基金会，并制作受害者及其家庭、前极端分子、宗教领袖或知名公众人物的视频，作为网站的部分内容。根据委员会的观点，他们应该运用更加中肯的、新奇的和直接的语言，对话中需加入宗教。“宗教不应作为世俗化的忌讳或禁忌。我们需要对社会观念和价值观念展开讨论，反‘圣战’主义也需

---

① Soren Seelow, Le discours djihadiste, “un kit de solutions,” Le Monde, March 26, 2015.

② Sébastian Pietrasanta, “La déradicalisation, outil de lutte contre le terrorisme,” Rapporteur du projet de loi relatif à la lutte contre le terrorisme (June 2015), p. 56.

要神学方面问题的讨论。[①]”

更加令人瞩目的是2015年9月法国政府宣称在阿尔萨斯地区开始一项去激进化的试点项目。该项目受到司法监督，并试图重塑（Reintegrate）那些因伊斯兰激进主义犯罪（不涉及恐主义犯罪）而定罪的人。重塑过程会由“心理学家、教育学家和社会工作者”负责，包括恢复社会联系和意识形态方面的讨论，但不涉及宗教信仰方面的问题，因为“宗教问题”不被认为是激进化现象的核心问题[②]。根据国会委员会的说法，反激进化中心的目标是树立与共和国价值匹配的宗教观念，陪伴和帮助激进分子重新融入社会，允许他们展开个人的职业项目。同样地，电话热线中心也没有涉及宗教信仰方面的帮助。

正如地方行政长官 Pierre N’Gahanes 所说：“激进化现象跟宗教没有关系。对所有的事情都充满了失败感，与周围环境格格不入，丧失个人存在的意义，是这些原因造成了激进分子。在这些既存的危机中，他们可能会依靠任何东西：狂热的信仰、自杀、军队或者毒品。”“‘圣战’主义言论的力量在于给出了答案……我们的任务则是向他们提供另外一种解决方法。”[③]

总之，法国和美国的反激进化策略尤其是反激进化项目不仅开展的历史较短，而且在面临前所未有的威胁时也进行了必要的调整。法国议会委员会开始将工作重心放到那些从叙利亚返回的“战士”（2012—2015年离开法国到叙利亚加入对抗阿萨德政权的战争之中）的转变之上。在2015年5月美国得克萨斯州嘉伦市及2015年6月田纳西州查塔诺加市枪击事件发生之前，国土安全委员会的众议员在2015年前几个月中，每个月都会进行一次有关暴力极端主义与归国“圣战”战士的听证会。而法国则在2012年穆罕默德·梅拉赫及2014年迈赫迪·纳姆什枪击事件发生之后首次对“‘圣战’极端化”加以回应，并在2015年1月的《查理周刊》袭击事件，2015年6月伊泽尔化工厂的爆炸袭

① Sébastian Pietrasanta, “La déradicalisation, outil de lutte contre le terrorisme,” Rapporteur du projet de loi relatif à la lutte contre le terrorisme (June 2015), p. 57.

② “French Court Debuts De-Radicalization Program,” RFI, September 9, 2015.

③ Soren Seelow, Le discours djihadiste, “un kit de solutions,” Le Monde, March 26, 2015.

击[①]及同年 8 月法国一辆通勤列车上的恐怖袭击阴谋发生之后加强了反激进化措施。法国国会委员会呼吁仅仅依靠镇压措施不足以抵抗宗教"极端化"的威胁，并提出了 37 项具体的反激进化软性措施。报告还强调，法国目前面临着前所未有的威胁——任何人、任何时间、任何地点都可能遭到袭击，情报部门与反恐刑事司法系统在第一时间给予强有力的回击是至关重要的，但是我们面临的不仅仅是一个安全问题，还是一个社会挑战，解决方案应该是全盘性的、长期性的[②]。

四、个体重塑型去激进化：以丹麦为例

对于已经激进化的极端分子，大多数西方国家通常会基于国家安全的角度，采取比较严厉的措施：依据反恐立法，将有暴力行为或准备实施暴力、煽动极端主义言论或仇恨予以定罪；没有上述行为而无法定罪者，若有极端暴力嫌疑（如前往中东地区参与"圣战"或与恐怖组织有联系），则由情报与执法机关加以严密监控，防止发生本土恐怖袭击。对于无论是被定罪的还是被监控的极端分子，国家仍然要采取干预措施，试图重塑或恢复个体以实现去激进化的目的。上述法国 2015 年的试点去激进化项目即采用这种方式。

但在少数西方国家，对已经激进化但尚未定罪的极端分子则采取更加"柔和"的方式，并不关押或严密监控归国的"圣战"分子。与法国不承认宗教是激进化的形成因素不同，这些国家认为宗教极端主义是形成激进化的主要意识形态因素，也认识到民族融合问题与穆斯林的生存状态都会萌生激进的意识形态。因此，更加强调极端分子心理上的疏导，通过热线电话、教育、心理咨询、与清真寺合作，促进极端分子参与宗教对话；同时重视改善极端分子的生活经济条件，采取职业培训，安置就业或就学，提升就业率，改善居住环境等，力图结合内因与外因"重塑"极端个体，使其放弃极端意识形态，回归社会恢复正常的生

① 2015 年 6 月 26 日，法国东南部伊泽尔省（Isère）Saint-Quentin-Fallavier 发生一起血案。35 岁的犯罪嫌疑人沙里（Yassin Salhi）驾车闯入美国气体制品公司工厂（Air Products），冲撞厂区内多个煤气瓶，引发爆炸和大火。警方在工厂附近发现一具被斩首者的尸体及宗教旗帜，另有 2 人受伤。

② ébastian Pietrasanta，"La déradicalisation，outil de lutte contre le terrorisme，" Rapporteur du projet de loi relatif à la lutte contre le terrorisme（June 2015），p. 61.

活。下述丹麦的典型个案，可以揭示这种柔性去激进化措施的运用与效果。①

2014年，丹麦的港口城市奥胡斯市，宗教极端分子塔尔哈（21岁）受到年轻伊斯兰狂热分子的追捧。如果是在其他国家，塔尔哈作为来自西方并在叙利亚和伊拉克作战的数百名青年“圣战”分子之一，可能会被禁止返回本国或被关进监狱。但是在丹麦，一个比任何地方都产生了更多外国“圣战”斗士的国家正在采取一种新的方法对待这些返回的“圣战”分子。在丹麦，没有一个回归的“圣战”分子被关押起来。相反地，政府认为国内歧视是伊斯兰恐怖组织招募的罪魁祸首，这里的官员们为他们提供免费的心理咨询，同时也在学校为这些归国者寻找落脚点，使他们重返校园。丹麦政府试图利用不同的方式预防穆斯林激进化，阻止激进分子投身“圣战”。

一些进步人士认为，奥胡斯市应该成为美国和欧洲其他地区的榜样，因其试图解决“圣战”分子回国后的归宿问题，而结论是塔尔哈可以自由地在街上游荡。他是来自中东的温和穆斯林移民的儿子。但在2013年10月回国前，他变成激进分子，与叙利亚的伊斯兰旅一起战斗了九个月。回到丹麦的土地上，他仍然梦想着有一天能生活在中东的“阿拉伯帝国”。他拒绝在伊斯兰国家斩首外国人质，却坚决“捍卫”对伊拉克和叙利亚士兵的处决。

“我知道有些人是怎么想的。他们害怕我们这些回来的人。”塔尔哈不是他的真名，而是为了保护自己身份另取的一个名字，因为他从未告诉过他父亲去打仗。“看，我们真的不危险。”然而一些批判观点认为这座城市（奥胡斯市）“手软”的做法是危险的。这座城市的努力很快在欧洲引发了一场规模更大的关于伊斯兰教与极端主义性质的讨论。越来越多的声音在呼吁制定新的法律，不仅要对回国者定以叛国罪，还要限制穆斯林移民人数及约束宗教割礼等伊斯兰传统。

2006年，丹麦的一份报纸刊登了穆罕默德的卡通图片后，引发了伊斯兰世界的暴力骚动。基于这个原因，许多人认为奥胡斯市应该

---

① Danmark tries a soft-handed approach to returned Islamist fighters，The Washington Post https：//www. washingtonpost. com/world/europe/denmark - tries - a - soft - handed - approach - to - returned-islamist-fighters/2014/10/19/3516e8f3.

“严打”极端分子，而不是“哄骗”。丹麦人民党（Danish People's Party）是丹麦第三大政治力量，在议会中占有举足轻重的地位。该党成员玛丽·卡拉纳普认为：“问题在于伊斯兰教，伊斯兰教本身就是激进的。你不能把大量穆斯林融入一个基督教国家。”

奥胡斯市对待返回的宗教战士就如同他们是任性的年轻人，而不是恐怖主义嫌疑犯，尽管这的确是他们大多数人转变的方式。在奥胡斯市某个清真寺的午后祷告时间，清真寺领导人否认了他们招募年轻人在叙利亚作战的指控。但实际是丹麦的人均外籍战士数量比其他任何地方都多。大多数是像塔尔哈这样的 16 岁到 28 岁的年轻人，其中有几个前科犯和帮派成员也在最近发现了所谓的“真正的伊斯兰教”。他们大多来自温和的穆斯林家庭，通常生活在离异家庭，而且大多数人住在杰勒拉帕肯（奥胡斯市的一个区，是丹麦最穷的地区，由郊区逐渐城市化）贫民窟中。

杰勒拉帕肯是一个人口密集的公共住宅区，是穆斯林移民的家园。20 世纪 60 年代开始的穆斯林移民浪潮中，许多人来到这里。这里的失业率，尤其是青年人的失业率远高于城市的平均水平。而且该地区犯罪率之高，连救护车都需要警察护送。它为愤怒的年轻人成为激进分子提供了良好的滋生地。

为了民族融合，奥胡斯市正对贫民窟进行一场重大改革：改善住房条件，重新规划该地区的街道和道路，使之与城市的其他地区连接起来，而不是像之前那样被隔绝开来。奥胡斯市长雅各布说：“这些年轻人在生活非常困难的时候皈依了宗教，他们面临的现实问题就是为其信仰而战。我们的立法无法改变他们的想法和感受。我们所能做的就是向他们展示我们对民族融合及民族对话的真诚。”

塔尔哈在这里广为人知，他是穆斯林中的英雄人物，许多人都知道他在叙利亚打仗，并用手和他亲切地打招呼。“这里就是我的家。”他出生在丹麦，一个移民家庭，来自一个与叙利亚接壤的阿拉伯国家。为了维护自己的隐私，他拒绝公开声明具体是哪一个国家。他说，当初去打仗的冲动就像火焰一般在慢慢燃烧。几个月来，他一直在观看 YouTube 播放的叙利亚政府总统巴沙尔犯下的平民谋杀视频。他说：“我不能让自己身处在丹麦的舒适之中，而我成千上万的兄弟却在死去。”他开始和其他宗教朋友讨论自己的感受，几个月之内就孕育了一个计划。在 2012 年 10 月去叙利亚的那天，他告诉父母要和一个朋友要去土耳其度假。实际上，他朋友的表弟已经在安排他们穿越边境到叙利亚。他在一个难民营工作了几个星期后才加入了与基地组织有联系的一个独立营。

据丹麦当局调查，在大约 30 名前往叙利亚的奥胡斯市居民中，绝大多数都与欧洲最为偏激的崇拜之一——格里姆霍维奇清真寺联系在一起。塔尔哈四年前开始在那儿做礼拜，两年前他就去了叙利亚。他通过一个童年时代的朋友发现了这个清真寺，这个朋友帮助他离开了他所说的世俗罪恶的世界：青少年聚会、饮酒、与女孩们约会。“那是我的过去”，他说，“不是我的现在。”但塔尔哈却一再声明，同其他清真寺领导一样，否认格里姆霍维奇清真寺招募了他和其他战士。

但许多人并不赞同这样的说法。该清真寺于 2008 年开放，其中几名男子此前被指控为恐怖主义分子而被拘留。其中一个是现任伊玛目，因其在 7 月份到柏林时煽动仇恨而被德国当局调查。另一个是为摩洛哥移民所拥戴的伊玛目阿布萨马德·费塔，他也曾于 2008 年到 2013 年在格里穆霍维奇清真寺传道。在叙利亚度过了五个月后，他又回到了奥胡斯市。据阿拉伯的情报官员称，他招募西方人（包括一个年轻的丹麦人皈依伊斯兰教）在叙利亚和伊拉克作战。清真寺的现任领导奥萨马·艾萨迪否认这些指控。他说：“他们在格里穆霍维奇唯一的罪过，就只是作为虔诚的信徒。但我们有信仰的权利。”然而，在 1 月，奥胡斯市政府向清真寺发出最后通牒：明令其要么公开与社区进行新的对话，要么面对公众的谴责，否则就会采取法律措施。

自 2014 年 1 月以来，奥胡斯市的警察和政府官员参加了清真寺举办的一些前所未有的会议。在清真寺领导人的带领下，警察和城市官员会见了像塔尔哈这样的归国“战士”，以评估他们的风险等级。他们还会见了清真寺青年团的成员，劝阻那些企图前往中东的穆斯林青年。在每月的例会上，市政府官员、警察和清真寺的领导层针对宗教意识形态、丹麦法律和言论自由展开讨论。但清真寺仍然公开支持中东的“阿拉伯共和国”，拒绝对“伊斯兰国”进行全面谴责，并警告说，丹麦最近决定加入美国领导的联盟，对激进组织发动空袭，可能只会煽动本土恐怖主义的大火。

然而，不可否认，格里穆霍维奇清真寺的公众形象远不如从前。奥萨马·艾萨迪否认了清真寺成为激进分子招募中心的说法，称其清真寺并没有阻止或鼓励那些想去打仗的人。但现在，其官方立场——至少在公众场合——是奥胡斯市的年轻穆斯林应该待在家里。奥胡斯市警方的统计数据证明了他们的做法是可行的。“2013 年我们有 30 个年轻人去叙利亚”，奥胡斯市警察局局长乔根·拉姆说，“据我所知，今年只有一个。我们认为，主要原因是我们与穆斯林社区的接触和对话。”

第五章　英国：多元文化背景下的治理对策

2005 年 7 月 7 日，4 名与基地组织有牵连的英国人，在 3 条伦敦地铁线上和一辆公交车上引爆自制炸弹，制造了英国本土迄今最严重的恐怖袭击。四起连环爆炸导致至少 52 人丧生，700 多人受伤，许多人留下了终身残疾。4 名恐怖分子也在爆炸中自杀身亡。

在"7·7"恐怖袭击发生之前，英国安全部门就曾对国内恐怖势力的出现提出过警告。但直到 2005 年 7 月袭击发生之后，英国政府才发现该势力造成的威胁已经相当严重。当 4 名年轻的英国穆斯林袭击伦敦时，整个国家都为之震惊。2006 年 11 月，英国军情五处官员指出，英国已经面临约 1600 名恐怖分子、200 个恐怖组织和 30 个恐怖攻击计划的威胁。[①] 政府认为英国年轻人的激进化，已逐渐对英国和全球安全构成威胁，无论是否与基地组织有关联，这些激进青年都是土生土长的英国人。[②]

一、本土"圣战"激进主义的兴起

第二次世界大战后，欧洲经历了一个战后重建与经济高速增长的时期，但劳动力严重不足，英国也不例外。20 世纪 50 至 60 年代初，英国出现了较大规模的穆斯林移民潮。由于历史因素，英国穆斯林劳工移民主要来自英国的前殖民地或英联邦国家，特别是南亚的农村地区。他们成为英国基础设施建设和主要工业部门的新生力量，因而移民的聚居

---

① 中国现代国际关系研究院反恐怖研究中心编：《世界主要国家和地区反恐怖政策与措施》，时事出版社 2007 年版，第 136 页。

② 英国政府官网 http：//www. state. gov/s/ct/rls/crt/2006/82732. htm。

地也主要集中于伦敦和一些工业城镇。20 世纪 70 年代，平均每年仍有超过 7 万来自英联邦国家的移民定居英国，其中主要是穆斯林。①

英国穆斯林激进化的原因与其他欧洲国家没有明显区别，至少从学界的各种理论分析来看：低学历和高失业率，文化与宗教差异，社会地位边缘化，政治诉求表达不畅等。第一代穆斯林经济贫困，不被主流社会认同，但安于接受现实地位。第二代和第三代穆斯林，作为土生土长的英国人，不甘于被歧视和拒绝认同，他们需要寻求一种归属感，来弥补精神上的空虚。2001 年“9 · 11”事件和 2005 年伦敦恐怖袭击之后，英国主流社会的“伊斯兰恐惧症”（以下简称“恐伊症”）加剧。穆斯林被认为是“最不可同化一族；伊斯兰文化与其他文化存在着质的区别；伊斯兰威胁难以平息；穆斯林将信仰用于政治或军事目的；穆斯林对西方文化和社会极其不满”。②

“恐伊症”过分夸大了对英国穆斯林的误解，产生把穆斯林同恐怖分子相联系，或将伊斯兰同暴力相联系的偏见。这种偏见进一步加深了英国穆斯林的孤立感，形成了“我们的”和“他们的”两种对立的意识形态。在无法与主流社会平等对话的情况下，穆斯林青年更容易接受和形成激进主义观念。学者安萨利认为，“恐伊症”对穆斯林的描述及穆斯林遭受的不公可能会被极端组织所利用，并加速传播极端主义思想。③

英国学者塔赫 · 阿巴斯认为，后“9 · 11”时代的英国穆斯林具有三种激进观念：第一，“圣战”观。“圣战”是挑战压迫者、建立伊斯兰统治的一种手段。对一些英国穆斯林而言，“圣战”有两层含义：一是向那些威胁伊斯兰教生存的人发动一场“穆斯林战争”，是为安拉而战的。二是向那些压迫穆斯林的人或者压迫伊斯兰信仰的人开战，是一场“正义之战”。穆斯林深信，在“圣战”中献身，他们将得到最高的奖赏——直接步入天堂。第二，殉教观。出于自卫或绝望发动的暴力行

① 《英国穆斯林移民群体：作为劳工来到英国，多元社会保持信仰》，载搜狐网 http://www.sohu.com/a/198005304_774715。

② 方金英：《英国穆斯林激进化的根源——<英国穆斯林>介评》，载《现代国际关系》2005 年第 8 期，第 63 页。

③ 陈金：《英国穆斯林激进化原因探析》，北京外国语大学 2015 年硕士学位论文，第 36 页。

为是正当的，殉教是一种遭受迫害和压迫而作出的反抗行为。在许多穆斯林眼里，殉教者净化了他所在的整个社团并为之带来荣光。其家庭成为人们尊敬和支持的对象，还能得到许多物质和精神奖赏。殉教者不仅能生活在来世，还通过人们不断传颂他们的佳话而活在大家的记忆和思想中，实现永垂不朽。第三，恐怖主义观。对许多穆斯林来讲，“反恐战就是向伊斯兰宣战”。“我们必须以我们的言行、智慧捍卫伊斯兰”。如今，年轻的英国穆斯林必须在“效忠伊斯兰还是效忠英国”之间作出选择。随着激进伊斯兰感召力及其“圣战”言论的增强，创建世界哈里发国家的理念为一些英国穆斯林青年面临的“宗教、文化、政治三者之间的效忠矛盾”提供了一种解决方式。①

2001 年“9·11”事件之后，英国已发生了近 100 起与恐怖主义相关的事件，其中绝大多数与伊斯兰“圣战”和宗教极端主义有关。②2013 年 5 月 22 日，伊斯兰极端分子 29 岁的迈克尔·阿德波拉杰和 22 岁的迈克尔·阿德波瓦莱在伦敦伍利奇兵营附近，用汽车把现役士兵里·格比撞倒，然后把他砍杀。阿德波拉杰曾声称他是所谓的“真主的士兵”，而刺杀里格比就是为了宣战。

2017 年，英国陆续遭受了五起恐怖袭击，其中四起证实与伊斯兰极端主义有关。3 月 22 日，52 岁的英国人哈立德·马苏德，将汽车冲向威斯敏斯特大桥的行人，然后将车辆撞倒威斯敏斯特的议会大厦，造成包括肇事者和警察在内的 6 人遇难，49 人受伤。仅仅两个月之后，22 岁的萨勒曼·拉马丹·阿贝迪，一名出生在曼彻斯特的利比亚人后裔，使用自杀式炸弹袭击在曼彻斯特竞技场参加完演唱会的年轻人和儿童，导致 22 人死亡，59 人受伤。这几起袭击均被视为由伊斯兰极端主义驱动的恐怖主义行为。英国一名负责监督反恐立法的官员认为，英国眼下面临的来自“伊斯兰国”等极端组织的恐怖主义威胁是 20 世纪 70 年代以来最严重的。③

---

① 方金英：《英国穆斯林激进化的根源——〈英国穆斯林〉介评》，载《现代国际关系》2005 年第 8 期，第 62 页。

② 《英国史上重大的恐怖袭击事件》，载英国观察 https://baijiahao.baidu.com/s?id=1578650739523657611&wfr=spider&for=pc。

③ 《反恐专家称英国面临近年来最严重恐怖威胁》，载新华社 http://www.xinhuanet.com//world/2017-02/28/c_129497332.htm。

二、多元文化背景下社区方式的回归

多年来，英国政府一直致力于防止外来恐怖主义的入侵，尤其在“9·11”事件前后，英国与大西洋及欧洲国家建立了各种反恐领域的合作伙伴关系。但是面对国内恐怖势力的威胁，英国还是一筹莫展。英国突然面临这样的问题：什么是穆斯林社区？是什么驱使这些年轻人转变为恐怖分子？英国社会到底错失了哪些问题……为了避免再次遭受袭击，英国政府发现需要尽可能多地了解穆斯林社区，让整个社会去了解穆斯林。

（一）本土“圣战”背后的多元文化模式

从20世纪60年代开始，英国政府就确立了“多元文化”模式作为处理国内各族群关系的基本政策。其核心是尊重文化多样性，承认各个族裔在社会生活中的广泛权利，帮助其融入英国社会的同时，鼓励各族裔保存其文化传统。① 1965年，英国通过第一个《种族关系法》，该法规定禁止在公共场所出现基于种族和民族的歧视现象。随之成立的英国种族关系委员会成为处理有关种族关系事务的专门机构。此后，1968年、1976年和2000年，英国先后三次修订《种族关系法》，不断扩大禁止种族歧视的范围，充分表明了英国对种族关系和谐发展的坚定决心，也成为穆斯林为代表的少数族裔维护自身利益与宗教传统的法律保障。英国保护多元文化的政策确实带来一定的积极影响。由于信仰和生活方式得到尊重，英国穆斯林与主流社会之间基本能够和谐共处，相较于法国等欧洲大陆国家，双方的直接冲突相应较少。②

多元文化政策在减少穆斯林与主流社会摩擦的同时，也带来了显而易见的弊端。最突出的一点是，由于穆斯林在信仰活动和生活传统上的自由，使得他们接受英国主流文化价值观的积极性大打折扣，从而造成穆斯林与主流社会存在长期的隔阂。这种隔阂不仅表现在社会生活上，还表现在法律上：少数族裔的宗教传统和习俗可能成为僭越法律的冠冕

---

① 黄海波：《合力与平衡：略论英法两国国内穆斯林政策的调整》，载《新疆社会科学》2013年第6期，第65页。

② 《英国人如何对待穆斯林》，载凤凰网国际智库 https://pit.ifeng.com/a/20170912/51962“7·7”6_0.shtml。

堂皇的理由，造成同为英国公民的各族群在法律上的并不平等的现实。① 更严重的问题在于，穆斯林与主流社会的隔阂还引发了一种身份认同上的冲突，在特定问题上，宗教认同（伊斯兰教徒）与国家认同（英国公民）之间的抉择不可避免。有学者指出，自 20 世纪 60 年代以来，在穆斯林劳工移民群体中，伊斯兰教徒的身份一直扮演着一种“超越种族、语言和国别的凝聚作用”，并在这一共同的精神纽带下，形成了“忽视信仰和其他一切差别的相互认同”。②

2005 年伦敦“7·7”恐怖袭击，让英国政府震撼的不是恐怖袭击造成的灾难，而是因为这场灾难是由英国本土恐怖分子实施。袭击发生之后，英国政府首先加强反恐法律，从刑事司法与情报领域提升国家预防和打击恐怖势力的能力。同年 10 月，英国出台新的《反恐法》，严厉打击具有激进化表现的行为，规定任何鼓励和美化恐怖主义行为、接受和参加恐怖主义训练皆为非法；任何书店、网站散布极端主义资料及任何策划、准备实施恐怖主义的行动都以犯罪论处。③

再有，英国政府并没有摒弃多年来的“多元文化”模式，反而更加意识到消灭本土恐怖主义，需要铲除滋生恐怖主义的土壤。在防范恐怖主义、遏制穆斯林激进化的道路上，需要依靠穆斯林族群的紧密合作。时任英国首相布莱尔在“7·7”恐怖袭击仅发生两天之后，即会见全英穆斯林领袖和社团代表，强调应对邪恶意识形态进行打击，防止其鼓动年轻人杀人或自杀，希望扶持温和派的穆斯林，并获取穆斯林社群的支持，以对抗激进思想和激进化。④

英国内政大臣史密斯则指出，英国需要预防民众成为恐怖分子，并避免其成为恐怖分子帮凶，这又需要从加强与穆斯林社群关系做起，以

---

① 例如，许多穆斯林在婚姻和财产问题上的做法依据的是伊斯兰教的传统律法和穆斯林古老的习俗，常常与英国的世俗立法或普通法存在冲突。但在多元文化政策作为主流价值观的背景下，“政治正确”要求法官不得无视穆斯林的宗教文化传统。这种状况可能引发这样一种结果。

② 《英国人如何对待穆斯林》，载凤凰网国际智库 https：//pit. ifeng. com/a/20170912/51962“7·7”6_ 0. shtml。

③ 《英国公布新的〈反恐法〉草案》，载新华网 http：//news. xinhuanet. com/world/2005-10/13/content_ 3610“7·7”6. htm。

④ l Ramadan，T. Blair can no longer deny a link exists between terrorism and foreign policy，The Guardian，4th June 2007，http：//www. theguardian. com/commentisfree/2007/jun/04/comment. politics.

加强族群合作，确保主流声音大过恐怖主义意识形态的支持力量。[1] 国内穆斯林社区被视为恐怖主义威胁的主要来源及应对恐怖主义威胁的优先合作伙伴，正如大伦敦都市警察局局长所说："打败恐怖主义的正是穆斯林社区，而不是警察。"[2]

（二）应对"本土""圣战"的社区参与理念

"7·7"恐怖袭击使人们突然关注到来自本土的"圣战"分子，根据被定罪的恐怖犯罪数据显示：在英国某些地区的穆斯林社区中存在非常复杂的激进分子网络。这是一个不容小觑的事实："圣战"恐怖分子的威胁来自一个很小的边缘化的少数民族群体，但是这些人却是社区的组成部分，而且几乎不会"单打独斗"。这就是为什么社区需要在反恐策略的许多不同领域扮演核心角色的原因，这亦是英国政府打击暴力极端主义的一项明确原则。

英国政府与执法机关认为，社区可以有效反恐。

第一，最突出的作用是，如果恐怖分子很好地融入社区，那么社区可以在早期提前告诫警察和情报部门，以便其获得信息或者关注特别的人或群体。这是在犯罪预防领域的一项悠久传统，即依靠广大群众。2005 年以后，针对基地组织的现有威胁，大伦敦警察局已经建立了反恐热线，公众可以通过热线汇报可疑情况。警方的标语是"如果有所怀疑即刻报告"。内务部和警察局局长协会都在网站上设立了潜在可疑恐怖分子报告热线。这是社区合作的边界线。[3]

第二，社区可以预防青少年从激进主义向暴力极端主义转变。对于青少年转变为激进分子的原因存在各种不同的观点，包括但不限于：激进分子的引导作用，全球极端主义蔓延的影响，群体或个人身份被忽视，个人情感危机，个人生活的重大转折，失业，有前科，为社会所排斥，冤情，对政治机构和市民社会缺乏信任等。与地方政府、警察或者

---

① Parekh, B. （2006）. Rethinking Multiculturalism: Cultural Diversity and Political Theory. London: Palgrave Macmillan, p. 213.

② Murray, D. （2005）. Neoconservatism: why we need it. London: Social Affairs Unit, p. 257.

③ Horgan, J. （2009）. Individual disengagement: A psychological analysis, in Leaving terrorism behind: Disengagement from political violence, edited by T. Bjorgo & J. Horgan New York: Routledge, p. 122.

青年志愿者合作，社区能够在防止青少年转变过程中起到关键作用。①

第三，社区可以解决现实或感知的不满——那些让恐怖分子更有共鸣的不满，这些不满可能会使某些人转而实施、支持或煽动恐怖主义，也可能是恐怖分子以此为名来实施恐怖活动。恐怖分子必须使大多数人相信其目标是合理的，即使其方式并不合理。这不仅仅对恐怖分子将其恐怖行为合理化非常重要，而且对其分裂普通民众及其政府与执法机构的关系，由此破坏反恐的努力也至关重要。如果政府可以赢得穆斯林社区的信任，恐怖分子就很难从道义上解释恐怖主义，也难以证明恐怖主义的目的就是解决国内及国外穆斯林所遭遇的不公正待遇。②

第四，反恐警务与其他执法领域的警务一样要遵守“同意”（Consent）原则。警察与安全部门如果没有社区的同意就不能采取行动，因为他们需要在错误行动或侵犯公民权利时得到社区的谅解。恐怖袭击是在没有警告前提下的大规模杀伤，这驱使警察必须提前介入，但错误行动（如错捕）的可能性也相应增加。如果没有穆斯林社区的信任和合作，难以长期维持对恐怖袭击有效的反应。③

三、双管齐下的激进化治理对策

以社区为基础的反恐方式并不是新的概念，这是英国应对北爱尔兰反恐策略的基石。在“7·7”爆炸袭击之前，英国政府已经接受这种观点，即以社区为基础（Community-based Approach）的反恐方式是值得付出的努力，但这种观点并未被强化。在“9·11”事件之后，社区方式被认为并不适合恐怖主义这种国际化的、外来的、高度组织化的威胁。“7·7”恐怖袭击之后，以社区为基础的方式又回归到中心舞台。随着情报资源的不断增长，执法机构能够确保阻止有计划的袭击，并破

① Horgan, J. (2009) ‘Assessing the Effectiveness of Current De-Radicalization Initiatives and Identifying Implications for the Development of US-Based Initiatives in Multiple Setting’, National Consortium for The Study of Terrorism and Responses to Terrorism, http://www.start.umd.edu/start/research/investigators/project.asp?id=56.

② Horgan, J. (2008), ‘Deradicalization or Disengagement? A Process in Need of Clarity and a Counterterrorism Initiative in Need of Evaluation’. Perspectives on Terrorism, pp. 3-8 Vol. 2, No 4.

③ Horgan, J., and K. Bruddock (2010). ‘Rehabilitating the Terrorists? Challenges in Assessing the Effectiveness of De-radicalization Programs’, inTerrorism and Political Violence, pp. 267-291.

坏恐怖分子的“细胞”，政府认识到需要与穆斯林社区合作以预防年轻人在第一场所演变成激进分子，确保社区足以回应和挑战其中的极端分子。伦敦地铁爆炸袭击的后果显然需要更加本土化的、社区主导的方式。①

从 2001 年到 2010 年，英国对恐怖主义威胁有了重新的“认识”：其一，恐怖主义越来越受重视，已经成为英国的头号威胁；其二，恐怖主义几乎完全等同于激进的伊斯兰意识形态；其三，恐怖主义与英国国内的穆斯林紧密相关。② 尽管在“9·11”事件之前，就有相关人士指出伊斯兰威胁崛起的趋势，但对公众而言，伊斯兰威胁是在“9·11”事件之后才引发广泛的关注。而且，恐怖主义也开始被明确或隐晦地与激进伊斯兰教联系起来。2011 年 5 月本·拉登被击毙后，基地组织及类似的恐怖组织仍然被视为英国的最大威胁。

英国第一个反恐战略（Counter-Terrorism Strategy of the UK，CONTEST，以下简称《2003 反恐战略》）制定于 2003 年。为了实现战略目标，英国政府通过一系列的立法，并成立了一批新机构，比如在军情五处新建“恐怖主义联合分析中心”（Joint Terrorism Analysis Centre，JTAC），其主要作用就是辨识恐怖主义来源并评估其威胁等级。最初，恐怖主义威胁被认为是国际性的，尽管在 2005 年伦敦恐怖袭击之前，内政部在 2004 年 4 月的一份报告中已经提到英国穆斯林青年的极端化问题，但直到 2005 年 7 月 7 日，英国穆斯林公民自杀式袭击发生之后，本土恐怖主义威胁才受到真正的重视。

最初的《2003 反恐战略》包含了四项策略：“预防”“执行”“保护”“准备”（Prevent，Pursue，Protect and Prepare），每一条路线覆盖了反恐的不同方面。其中最重要的就是预防战略（Prevent），它的立法依据是《2006 年反恐法》。“预防”策略主要由三个部门提供资金来源

---

① HM Government，Pursue，Prevent，Protect，Prepare：the United Kingdom's strategy for countering international terrorism（London：TSO，March 2009），p. 16.

② Laura K. Britain's Counterterrorism Policy. in：ZIMMERMANN，Doron，WENGER，Andreas（eds.）. How States Fight Terrorism：Policy Dynamics in the West，Boulder，CO：Lynne Rienner Publishers，Inc.，2007，pp. 17-57.

并参与实施：内政部、社区与地方政府部，以及外交部[①]，且各自成立了专门的办事处。内政部提供大量资金用以维持，尽管预防战略旨在降低警察的作用面，但警察的工作仍然起着关键作用。[②]“预防”策略的核心执行部门是内政部的安全与反恐办公室（the Office for Security and Counter Terrorism，OSCT），其负责协调25个地方工作小组。后者联合警察机关、当地政府和社区参与者确定“优先”工作对象[③]。

2008年6月，“预防”策略实现了根本性的突破，它被作为一项全国性的预防暴力极端主义政策全面推行，并以优先支持地方政府，加强穆斯林社区合作为标志。“预防”策略的推出，确保社区参与反恐的观念也变得根深蒂固。而且按照先前政府的预期，到2011年，每年的经费会涨至2亿4000万英镑。[④]同样在2008年，地方警察部队中开始设置“预防”警官，学校也开展各种活动预防暴力极端主义，由全国性的滚动电视频道加以宣传，并开展了“渠道”项目对某些易变为暴力极端分子的人提供单独的干预。

英国“预防”策略作为西方国家治理极端主义（激进主义）的典型代表，不仅在于其推行的时间最早，或创新融入社区参与模式，而在于其对激进主义的治理内涵把握得全面而透彻。在许多西方国家的政策文件和学术论著中，经常会出现去激进化（Deradicalization）或反激进化（Counter-radicalization）两个术语混用的情况。但实际上，“去”和“反”在激进主义治理语境中，具有明显的差异。

反激进化重在预防：预防激进化的产生，即“预防（穆斯林）个体或群体产生不满，以及不满产生之后预防个体或群体接受极端思想”[⑤]。去极端化重在“重塑”个体，“针对那些已经接受极端思想并逐步向恐怖主义发展但尚未实施恐怖活动的个体，争取其放弃极端思

---

① 外交部主要提供英国激进化人员的海外动向，如是否到巴基斯坦受训或接受（恐怖组织）指导。

② 英国的内政部是英国警察部队的领导部门。

③ 在2011年之前，“优先”工作对象都是根据穆斯林人口的规模来确定的。自2011年开始，“优先”的标准建立在对特定区域激进化风险的评估之上。Prevent，2011，pp. 97-98.

④ Home Office（2011）Prevent，CONTEST 2011（http：//www. homeoffice. gov. uk/publications/counter-terrorism/prevent/preventstrategy）.

⑤ 沈晓晨、杨恕：《试析“反恐怖主义激进化”的三个关键维度》，载《欧洲研究》2014年第3期，第7页。

想，脱离极端组织或恐怖组织，回归社会”①。由此可见，反激进化的内涵要大于去激进化，前者既可针对个体，又更强调群体作用；后者则仅针对个体。从预防暴力极端主义或恐怖主义的宏观层面讲，反激进化或去激进化都是在恐怖主义行为尚未发生的事前干预，这也是两个术语经常被混用的主要原因。

预防策略的三个目标②

设定目标	目标一：回应意识形态的挑战	目标二：预防个体被恐怖组织招募	目标三：与广泛的机构组织加强合作（包括穆斯林组织）
实施途径	内政部“研究、信息与交流中心”（内政部、穆斯林社区、地方政府、外交部的代表组成）负责宣传	渠道项目：信仰指导，公民参与，网络服务，主流服务	政府与社区共建项目，由内政部提供资金

预防策略设定的三个目标，既包括针对群体的反激进化，也包括针对个体的去激进化。前者在政府主导、社区参与的前提下从意识形态、风险场所入手；后者则主要通过“渠道”项目加以实现。如前所述，激进化没有一个固定的形成模式，但通往极端主义的道路总是离不开三个关键因素：一个疏离和利他主义的个体，一种“合法”的意识形态，以及一个“有利”的社区。英国“预防”策略三个目标的设定，恰好与这三个关键形成因素相互对应。

（一）反激进化的第一条路径：回应意识形态的挑战

意识形态的工作是预防个体或群体在产生不满的情况下接受极端思想的关键。提倡和促进包容、温和与民主的主流价值观，促进穆斯林社

① 内容参考注27，第7页。

② Home Office（2011）Prevent，CONTEST 2011（http：//www. homeoffice. gov. uk/publications/counter-terrorism/prevent/preventstrategy）.

区的社会融合度可以提升穆斯林群体对激进化的免疫力。[1] 2007 年，内政部专门成立了研究、信息与交流中心（Research，Information and Communications Unit，RICU）负责遏制极端意识形态的工作。该机构由来自内政部、社区和地方政府，以及外交部三方的代表组成，具体协调政府各部门对极端主义意识形态的预防工作，并针对极端意识形态进行“言论反击”。[2]

2007 年到 2008 年，英格兰一共实施了 261 个项目，包括培训与教育、辩论与讨论论坛、运动和娱乐活动及艺术与文化活动等，参与人数达到 44000 人。其中，有 145 个项目是通过社区展开的。由此可见，第一个目标的实现主要基于社区参与方式，通过在社区开展各种活动，促进穆斯林社区融合，以此达到抵制激进意识形态的效果。如“激进的中间道路”项目，它通过讨论穆斯林的信仰和当代社会的融合促进年轻穆斯林增进自我身份的认知，并接受主流温和的伊斯兰宗教观。[3]

（二）反激进化的第二条路径：对“风险场所”加以防范

在 2011 年《“预防”策略审查报告》中，政府进一步明确导致恐怖主义激进化的“风险场所”，是那些存在恐怖主义意识形态和相关宣传不被质疑，不参与公开和自由讨论情况的机构或组织，并列举出六类“风险场所”：学校、互联网、宗教信仰场所、医疗服务机构、刑事司法系统（包括监狱和少管所）及慈善机构。[4]

一方面，加强与穆斯林团体合作。政府协助穆斯林团体成为其族群中开展反激进化的先锋。首先，成立了伊斯兰极端主义的特别工作组（Preventing Extremism Together Working Groups）。[5] 由多位来自穆斯林团

---

① Home Office（2011），‘Understanding vulnerability and resilience in individuals to the influence of Al Qa’ida violent extremism’，https：//www. gov. uk/government/uploads/system/uploads/attachment_ data/file/11672 3/occ98. pdf.

② 沈晓晨、杨怒：《试析“反恐怖主义激进化”的三个关键维度》，载《欧洲研究》2014 年第 3 期，第 8 页。

③ 陈金：《英国穆斯林激进化原因探析》，北京外国语大学 2015 年硕士学位论文，第 52 页。

④ 沈晓晨、杨怒：《试析“反恐怖主义激进化”的三个关键维度》，载《欧洲研究》2014 年第 3 期，第 10 页。

⑤ Home Office（2011）Prevent，CONTEST 2011（http：//www. homeoffice. gov. uk/publications/counter-terrorism/prevent/preventstrategy）.

体与其他机构的专家组成，分别处理青年穆斯林、教育、穆斯林妇女、地区与地方行动、伊玛目的培训与委派、清真寺建设、社区安全等主题，研判与以上相关的各类问题，提出政策建议，确定政府与穆斯林团体合作的具体领域等。其次，在政府的支持下由穆斯林团体举办伊斯兰学术巡回展，在全国展示主流伊斯兰学者的思想、安排一系列讲座等，增进英国民众对伊斯兰教及穆斯林的理解。① 最后，建立了“清真寺与伊玛目全国咨询委员会”（Mosques and Imams National Advisory Board）强化对全国清真寺的管理，对“伊玛目”进行宗教知识培训，以更好地引导穆斯林青少年。

另一方面，强化政府干预职能。在学校，教育部牵头实施面向青少年学生的反激进化工作。教师教育年轻的穆斯林学生如何应对极端主义思想叙述的知识和技能，如“伊斯兰公民教育项目”（Islam Citizenship Education Project）。在监狱，司法部下属的国家司法管理局则支持伊玛目对服刑人员提供思想帮助以抵制极端主义思想。② 针对互联网，警察机关与内政部合作，成立“网络反恐审查中心”（Counter Terrorism Internet Referral Unit），③ 负责排查互联网上违反法律的言论与宣传，并采取适当的驳斥和反击，必要时移送刑事司法系统处理④。

（三）去激进化路径：针对激进个体的“渠道项目”

激进化的形成模式多种多样，个体走上激进化道路的原因也各有不同。激进的意识形态可能是基于经济的贫困、不公正的待遇、缺乏社会认同感，也可能是基于同辈或互联网的影响。因此，不存在或不知晓是否存在某种单一方式能界定哪些个体具有激进化风险。这就需要在具体工作中区别对待。⑤ 对于第二个目标，预防个体被激进组织招募，内政

---

① 黄海波：“合力与平衡：略论英法两国国内穆斯林政策的调整”，载《新疆社会科学》2013 年第 6 期，第 66 页。

② 陈金：《英国穆斯林激进化原因探析》，北京外国语大学 2015 年硕士学位论文，第 53 页。

③ Home Office（2011）Prevent，CONTEST 2011（http：//www. homeoffice. gov. uk/publications/counter-terrorism/prevent/preventstrategy）.

④ 沈晓晨、杨恕：《试析“反恐怖主义激进化”的三个关键维度》，载《欧洲研究》2014 年第 3 期，第 10 页。

⑤ 沈晓晨、杨恕：《试析“反恐怖主义激进化”的三个关键维度》，载《欧洲研究》2014 年第 3 期，第 11 页。

部专门制定了一套“渠道项目”加以实现。

“渠道项目”是预防战略二级目标的核心工具，旨在为存在激进化风险的个体提供支持。内政部的安全与反恐办公室（OSCT）自2007年开始建立并资助“渠道”项目，项目成员被称为“渠道协调官”，主要来源于警察，也包括部分地方政府、中小学、大学的成员，以及社会工作者和当地社区成员。“渠道项目”范围涉及较广，涵盖了75个地方政府与12支警察部队。①

“渠道项目”的三个步骤②

设定目标	步骤一：初步筛选	步骤二：预先评估	步骤三：实施干预
实施途径	是否参与违法活动；是否有不良记录	判断适合程度；集体评估风险；6~12个月小组观察决定	集体评估所需帮助类型；制订行动计划；明确具体措施；检查进度

“渠道项目”的实施流程是在一个较大范围内初定激进化风险个体，然后通过评估指标确定激进化风险个体，最后针对风险个体加以干预，以达到去激进化的目的。三个固定步骤用以实现既定目标：初步筛选、预先评估和多机构干预。

首先，由各个地区派驻的“渠道协调官”对被关注对象（具有激进化可能的风险个体）进行初步筛选。协调官参考被关注对象是否参加违法活动和是否有不良记录两个方面的因素，决定个体是否纳入渠道项目。如两个方面都不具备，则直接排除在外。③

接下来，预先评估：在经过“渠道协调官”的初步筛选之后，已经加以确定的风险个体会经由一个专家小组进行评估，时间是6~12个月，根据三个标准——是否投身于某个组织或某种意识形态，是否有制

① Home Office（2011）Prevent，CONTEST 2011（http：//www.homeoffice.gov.uk/publications/counter-terrorism/prevent/preventstrategy）.

② Home Office（2011）Prevent，CONTEST 2011（http：//www.homeoffice.gov.uk/publications/counter-terrorism/prevent/preventstrategy）.

③ Home Office（2011）Prevent，CONTEST 2011（http：//www.homeoffice.gov.uk/publications/counter-terrorism/prevent/preventstrategy）.

造伤害的意图，是否有制造伤害的能力对个体的激进化风险作出评估，决定是否需要提供帮助。这些专家来源于多个机构，如地方政府、教育部门、医疗部门、少年犯监管系统、监狱、警察机关、边境管理机构、社群和志愿机构等。从2007年“渠道项目”启动截止到2013年4月，有2653人作为筛选对象，但只有587（22%）的人经过评估后确定为风险个体，需要加以干预。①

最后一步，实施干预。基于对个体对象“风险程度”的评估，专家小组集体讨论对风险个体应采取哪些具体干预措施，并持续性监督干预措施的执行与效果。四种主要的干预措施仍然与激进化形成的几个关键因素紧密相关。意识形态方面，着重进行宗教信仰的正面引导；社会环境与个人境遇方面，则与社会机构、互联网公司、家庭等合作，通过提升政治参与度，改善教育、就业、就医或住房等主流服务实现去激进化目标。2010年，超过200人的风险个体成为干预对象，这些人要么是在学校发表言论想前往伊拉克报复美国人，要么是被评估为具有极端宗教观点，并随时准备为其宗教信仰“献身”。②

四、英国治理模式的效果与启示

“国家至上原则”作为近代以来国际交往中的核心原则，要求任何一个多民族国家都必然将国民身份的认同置于首要位置，而英国的国家认同在穆斯林问题上遭遇了困境，因为多数英国穆斯林并未能从宗教身份中超脱出来，而是将信仰置于国民身份之上。尽管近年来英国社会风气有向保守主义转化的趋势，③ 但作为自由主义和宗教宽容传统的发

---

① 沈晓晨、杨恕：《试析“反恐怖主义激进化”的三个关键维度》，载《欧洲研究》2014年第3期，第12页。

② Home Office（2011）Prevent，CONTEST 2011（http：//www. homeoffice. gov. uk/publications/counter-terrorism/prevent/preventstrategy）.

③ 21世纪以来，西方社会民粹主义抬头，社会风气趋于保守。英国一些右翼组织借机壮大，冲击着传统的多元文化政策，如极右翼的不列颠民族党（British National Party）的兴起正是这种保守倾向的反映。同时，英国移民政策也进一步趋于保守。2002年，英国颁布的《国籍、移民及庇护法案》（Nationality，Immigration and Asylum Act），不仅对移民规定更严格的限制条件，而且要求申请移民者参加英语和有关社会生活等方面的测试。近年来，英国几乎每年都会出台有关移民的修正法案，旨在持续收紧移民规模，促进移民融入英国主流社会文化生活。

展，多元文化主义已经成为现代英国社会主流的价值观念，不可能在短期内受到根本性的动摇。这种包容精神正是现代英国最值得称道的文明成就。[①]

以“预防”策略为代表的英国治理激进化模式，是多元文化背景下的产物，它强调反激进化和去激进化中穆斯林社区的参与及穆斯林宗教机构的合作；意图加强穆斯林的身份认同并消除与主流社会的隔阂。从战略层面来看，英国社区参与型治理模式作为一项政策革新是成功的，但“预防”策略的具体实施，也显示了这种治理模式存在的一些不可忽视的弊端。

其一，大量研究、包括政府本身的审查报告显示，许多英国穆斯林仍然感觉被政府排斥和拒绝，因为他们感受不到其价值或者自己实际参与其中。[②] 他们认为，如果政府意识到穆斯林社区在预防激进化中具有的潜在重要作用，他们就应该被地方政府、警察和其他政府机构作为信任的、平等的和受尊重的合作者。上述这些机构应该获得社区的信任，如此才能获得他们所需要的信息和协助。穆斯林社区也渴望获得分享知识和信息的机会，与政府和执法机构人员一起讨论决定当地穆斯林社区的需要。近期的一项调查显示，尽管有些地区已经以这种方式展开合作，但有些地区仍然没有。某些地方政府有选择性地与穆斯林社区合作，仍然关起门作决定，很少甚至完全没有穆斯林社区的参与。实践中仍是地方政府的行政长官掌控一切。[③]

其二，地方政府的执行效果有限。有调查显示，地方政府与穆斯林社区的合作程度相当低，有2/3的地方政府只将预防策略资金的20%用于那些可能成为暴力极端分子的危险分子，只有3%的资金用于那些已经证实是暴力极端分子的人。[④] 实际上，英国政府自“预防”策略推行以来，一直都在加大资金投入。2006 年，政府投入 600 万英镑，到

① 《英国人如何对待穆斯林》，载凤凰网国际智库 https：//pit. ifeng. com/a/20170912/51962776_ 0. shtml。

② J. Hari，‘Why are we ignoring the far right terror threat?’，Independent，13 Oct. 2009.

③ HM Government，Pursue，Prevent，Protect，Prepare：the United Kingdom's strategy for countering international terrorism，first annual report（London：TSO，March 2010）.

④ Briggs et al.，Bringing it home，p. 15；B. Spalek，S. El Awa，L. McDonald and R. Lambert，Police-Muslim engagement and partnership for the purposes of counterterrorism：an examination（Birmingham：University of Birmingham，2008）.

2008 年，已增长到 1.4 亿英镑。[①] 其中大部分资金都是用于地方政府的执行工作。因为“预防”的核心执行主体不是中央政府，而是地方政府。地方政府与风险社区的关系也很不好，所以许多地方政府会付钱聘请外来顾问去评估社区的需求，而不是利用这个机会与当地社区建立良好的关系。[②]

其三，媒体对伊斯兰的负面报道也影响了穆斯林社区参与的效果。大多数媒体对伊斯兰都是负面的报道，渲染伊斯兰恐惧症，夸大穆斯林对英国传统习俗的威胁，夸大伊斯兰与西方社会的隔阂。此外，穆斯林也感觉被反恐法律所歧视，穆斯林感觉反恐立法的很多方面都是不公平的、不公正的和歧视性的。穆斯林与非穆斯林相比，对警察的信任度更低。这些让人担忧，因为对政府缺乏信任会对穆斯林社区接受、支持和参与反恐措施产生负面影响。[③]

一项政府调查显示，在暴力极端主义问题上参与的穆斯林分为三类：第一类是愤怒的和不合群的，他们感觉其看法没有被政府采纳。他们热忱地表达其观点，因为他们感觉自己的观点很少被倾听，但是需要相信在他们愿意倾听政府之前，政府要愿意倾听他们的意见。第二类，失意的但是却愿意分享其失意、表达自我的人。他们愿意参与，但是需要被政府信任其参与或提议的价值。第三类是积极参与型，主要是 25 岁以上的男性或者妇女。他们意识到需要与政府一起合作，提出意见，能够参与其中，并且采取一些行动，但是他们想知道在实践中应如何执行。[④]

作为英国伊斯治理兰激进化的支柱，“预防”策略不仅是英国反恐战略中最重要的组成部分，而且也发挥了明显作用，尤其是在 2010 年之前。2010 年英国大选之后，执政党更替，虽然新政府（保守党与自

---

① ‘George Osborne outlines detail of £ 6.2 billion spending cuts’, http://news.bbc.co.uk/1/hi/uk_politics/8699522.stm, accessed 27 May 2010.

② A. Kundnani, Spooked: how not to prevent violent extremism (London: Institute of Race Relations, 2009), p. 15.

③ Home Office Research, Information and Communications Unit, Counterterror message testing: qualitative research report (London: TSO, 2010), p. 1.

④ TNS Media Intelligence, The language of terrorism: analysing the public discourse and evaluating RICU's impact, January 2007-March 2008 (London: TSO, 2010), p. 44.

由民主党组建的联合政府）也仍然强调穆斯林社区在打击暴力极端主义方面仍然起到关键作用，但“预防”策略的执行仍大打折扣，资金投入逐渐减少。尤其在2011年政府对“预防”策略的执行进行全面审查之后，发现其实施效果不尽如人意，且一直伴随众多争议，其影响力更是迅速减弱。

然而，不可否认的是，英国的“预防”策略首次将穆斯林社区参与模式引入国家反恐战略中，英国模式在西方世界中产生了广泛和深远的影响，直接影响到其他国家反恐策略的制定。时至今日，美国、加拿大及许多欧洲国家都开始仿效英国式社区参与型反激进化策略。但同时，英国对激进化的治理实践，也或多或少给其他国家提供了一些启示。

首先，社区参与不是政府一厢情愿的事情。缺少承诺的（政府与穆斯林社区）合作通常都是差的合作，其产生的不良影响很难消除。当政府一面大谈公开透明、互相信任的合作关系的重要性时，一方面却将决策隐藏于复杂的官僚体系中，这显然是不恰当的，政府应该公开信息。① 这需要国家安全部门转变其原有的保守态度，形成“需要知道”（need to know）的信息共享文化。同时也需要对封锁的合作关系进行相应的结构改革：制定决策的新体系，分配资金及强有力的报告制度以保证决策与资金的相关信息对公众公开，还有政府承担责任的追责机制。②

其次，社区参与型治理模式能否成功的一个重要因素是地方政府对当地社区的理解及关系的牢固程度。在实践中，英国大多数地方政府从没有做到这一点。许多地方政府过分依赖社区地图和需求评估，将关注点和资金投入小规模的社区项目，而忽视了与当地穆斯林社区的人文联系，从而丧失了许多发现和接触“风险个体”的时机。③

最后，要明确区分预防暴力极端分子的活动与实现更广泛目标的渐

---

① http：//www. met. police. uk/so/at_ hotline. htm，accessed 13 April 2010.

② Radicalization processes leading to acts of terrorism：a concise report prepared for the European Commission's expert group on violent radicalization，15 May 2008，http：//www. clingendael. nl/publications/2008/20080500_ .

③ HM Government，Pursue，Prevent，Protect，Prepare：the United Kingdom's strategy for countering international terrorism（London：TSO，March 2009），p. 16.

进式国家安全政策的界限，否则就会造成穆斯林社区被刻上“嫌疑社区”的烙印。① 社区发展工作人员、教师、社会公益人员与心理健康辅导人员不是反恐政策的实践者，尽管他们毫无疑问致力于此。但是，为了扮演其本身的角色，他们不需要传达官方的声音，成为政府资金的接收者或者在国家安全部门的控制下运作。对于这些执行者，政府需要劝说而不是指导，需要合作而不是控制。

---

① http：//innovate. direct. gov. uk/blog/directgov-innovate-launches-public-reporting-mechanism-terroristmaterial-internet，accessed 25 May 2010.

第六章　法国：世俗主义背景下的治理对策

法国遭受伊斯兰恐怖主义袭击的历史可以追溯到20世纪80年代。在经历了巴黎百货公司连环爆炸案、“豺狼”卡洛斯炸弹袭击、巴黎地铁爆炸案等一系列由国际恐怖组织策划实施的袭击之后，法国开始大刀阔斧地从立法、司法和执法领域改善和提升其反恐能力。从1996年到2012年，当美国遭受“9·11”恐怖袭击，西班牙、英国等欧洲国家遭遇本土“圣战”时，法国领土上几乎没有发生一起恐怖袭击。法国由此获得“欧洲反恐先锋”的盛名，其成功的反恐模式成为西方国家效仿的“楷模”。表面上看法国似乎已经成功抵挡住了“外来”恐怖主义的袭击，殊不知恐怖主义“内患”却在悄无声息的滋长。尽管早在1996年，法国本土的极端分子就已经开始了伊斯兰“圣战”活动，试图在北部城市里尔举行G7峰会时制造爆炸袭击。

一、本土“圣战”阴霾下的激进化问题

2012年，自称“基地”组织成员的阿尔及利亚裔法国人穆罕默德·梅拉赫于12天内在法国南部连续杀害7人。法国举国震惊，蓦然察觉土生土长的恐怖分子已然成形。2014年，曾效力于“伊斯兰国”的法国人迈赫迪·纳姆什持冲锋枪闯入比利时布鲁塞尔犹太博物馆，开枪打死4人。这两起“独狼式”恐怖袭击促使法国政府先后出台《2012年安全与反恐法》与《2014年反恐法修正案》。

2015年年初，《查理周刊》恐怖袭击后，法国政府于1月与4月先后两次投入巨额资金加强反恐情报搜集与军队巡逻常态化；5月通过旨在加强反恐监控的情报工作法案；10月又出台新规定扩大执法人员对疑似恐怖分子的临时搜查权。然而，这一系列的反恐举措都未能阻挡法

国“圣战”分子的步伐，2015年11月的一个星期五晚上，法国历史上最血腥的恐怖袭击如梦魇般发生了。但这仍然不是终结，2016年7月又先后发生了尼斯国庆日恐怖袭击与鲁昂教堂劫持案，法国已经深陷本土“圣战”分子的恐怖威胁之中。

法国是欧洲拥有穆斯林移民最多的国家。法国在马格里布（北非地区）长期的殖民历史，导致数十年中出现了几拨涌入法国的移民潮。第二次世界大战以后，用于重振劳动力的工人数量已经减少，20世纪60年代和70年代，穆斯林移民居住在城市近郊的棚户区。其后，随着更多的移民家庭到来以及移民数量的膨胀，构建了低收入住房，公寓远在市中心之外并且总是处于公共交通线的尽头。这些郊区，具有高失业率、低收入、频繁的治安检查等特点，逐渐导致穆斯林移民脱离了法国的主流社会，被忽视并被忘却①。

曾经有人认为是这些移民给法国带去了激进的伊斯兰教，甚至有人建议暂停接纳来自伊斯兰国家的移民，以此来避免进一步的恐怖袭击。然而真实的情况是，以伊斯兰教的名义制造这些恐怖袭击的人正是法国人，他们是信仰伊斯兰教的法国人，在近代通过经济移民或者说劳工输入的形式来到法国。他们出生在法国并在法国接受了教育，他们并不是近期的移民，也并非是将恐怖主义从国外的恐怖主义滋生地引入法国。他们是法国本土的激进的伊斯兰主义者，并且多数曾前往中东地区参与过“培训”或者参加过“圣战”。② 这就是即使切断来自北非（法国穆斯林人口最主要的来源地）或其他伊斯兰国家的移民，也不会改变渗透在法国民众当中的紧张感，或者使他们避免遭受进一步的“圣战”袭击③。

据相关数据显示，大约有1000名法国人曾参与或涉及叙利亚和伊拉克的“圣战”活动，有200人已回国，这些极端分子将会对法国安

---

① Crenshaw, Martha (1990). Questions to Be Answered, Research to Be Done, Knowledge to Be Applied. In Walter Reich (Ed.), Origins of Terrorism: Psychologies, Ideologies, Theologies, States of Mind (pp. 247-260). New York: Cambridge University Press.

② 崔东：《法国反恐模式研究及对中国的启示》，西南政法大学2016年硕士学位论文，第7-8页。

③ Daniel Brown, quoted in "Look out, Europe, They Say: Islam, America and Europe," The Economist Vol. 379 Issue 8483 (24 June 2006), pp. 29-34.

全造成巨大隐患。作为曾经的殖民地宗主国，法国长期以来接收了大量来自北非、西非等前殖民地国家的移民。法国超过 6500 万的人口中有 10%是穆斯林，是欧洲穆斯林人口最多的国家。对于法国本土极端分子的产生，目前很多观点都把问题归咎于穆斯林移民融合政策的失败。但法国记者汤姆森在其近日出版的新书《法国“圣战”》中却揭示了不同的原因：受访的所谓“圣战”分子大多与穆斯林群体并没有来往，也很少上清真寺。他们几乎都是透过网络接触的伊斯兰极端思想，被 ISIS“锻造”历史的口号所吸引，赶赴叙利亚参与“圣战”。①

有学者认为，法国所进行的一系列移民改革措施的失误是明显的，而且难以挽回，法国已经孤立了 600 万左右的穆斯林族群。法国穆斯林中的年轻人对其伊斯兰身份更加注重，因为激进的伊斯兰“圣战”分子热衷于发动与西方世界的“战争”，他们呼吁穆斯林青年拒绝西方文化，使其感到自己被阻挡在社会之外；他们为其“讲解”伊斯兰原教义，使那些服刑的年轻人在监狱中获得“灵感”，监狱也成为法国伊斯兰激进分子的来源地②。

也有学者认为，将宗教视为社会不平等方式的理由是站不住脚的。20 世纪 80 年代，第二代北非移民试着融入到法国的主流文化当中，他们想要进入社团、酒吧、舞厅，他们仅仅想要成为“法国人”。如今，一切都变了，聚集穆斯林的法国郊区存在着一股宗教信仰的复兴势力，部分原因是在“9·11”事件之后伊斯兰在全世界备受瞩目，而之前法国穆斯林群体早已被主流社会所疏离和遗忘。现在法国的穆斯林青年在对待宗教信仰时比他们的父母更加虔诚和公开，这对于坚持“世俗主义”传统的法国而言，是一种“挑衅”，一种拒绝法国文化和西方文化的表现方式③。伊斯兰恐怖主义是一种世界范围内的现象，它并不仅仅

① 《法国有 5800 名“圣战者”和激进分子》，载腾讯网 http：//news. qq. com/a/20151115/033002. htm。

② ‘The terrorist threat in France has never been greater’［‘La menace terroriste en France n’a jamais été aussi grande’］, L’ Express（11 September 2010）, available online at http：//www. lexpress. fr/actualite/monde/la-menace-terroriste-en-france-n-a-jamais-ete-aussigrande_918729. html.

③ ‘Terrorism：The French remain unconcerned’［‘Terrorisme：Les Français sereins’］, Le Journal du Dimanche（30 September 2010）, available online at http：//www. lejdd. fr/Societe/Actualite/Terrorisme-Les-Francais-sereins-223609.

在信奉伊斯兰教的国家和地区存在。然而法国是个例外，它面临着本国土生土长的“圣战”恐怖主义难题。法国不像美国或英国那样愿意认同本国穆斯林的文化和要求，甚至还想要“同化”他们，但事实是：对于一个客观上存在却又不被认同的民族而言，同化他们几乎是不可能的①。

法国 2012–2016 年本土“圣战”袭击

序号	时间	“圣战”袭击
1	2012 年 3 月	法国南部城市图卢兹和蒙托班先后发生当地驻军士兵遇袭事件，共造成 3 人死亡，1 人重伤。19 日在图卢兹一所犹太人学校门前发生另一起枪击案，造成 1 名教师和 3 名儿童丧生。袭击者穆罕默德·梅拉赫，为阿尔及利亚裔的法国公民，时年 23 岁。梅拉赫自称属于“基地”组织的“圣战”成员。
2	2014 年 5 月	比利时布鲁塞尔一家犹太人博物馆发生枪击案，造成 3 人死亡、1 人重伤，晚间重伤者宣告不治死亡，使得死亡人数增加到 4 人，2 男 2 女。袭击者为纳姆什，时年 29 岁，来自法国北部城市鲁贝，2012 年曾经入狱。
3	2015 年 1 月 7 日	法国讽刺杂志《查理周刊》（音译《沙尔利周刊》）在首都巴黎的办公室遭到 3 名枪手袭击，造成 12 人死亡，10 余人受伤。袭击者为库瓦奇兄弟。
4	2015 年 6 月	位于法国东南部伊泽尔（Isère）省的圣-屈昂坦-法拉维耶（Saint-Quentin-Fallavier）的一家天然气工厂遭遇袭击。袭击者开车闯进大门后撞击天然气罐引发剧烈爆炸，事件造成 1 人死亡，数人受伤。袭击者亚辛·萨勒伊。

① ‘Barometer of the terrorist threat’ [‘Baromètre de la menace terroriste’], poll conducted by Ifop in March 2012 on a representative sample of 977 individuals. Full poll results available online (in French) at http://www.ifop.com/media/poll/1813-1-study_file.pdf].

续表

序号	时间	“圣战”袭击
5	2015年8月	3名结伴而行的美国青年（其中2名为美国海军陆战队队员）在火车上发现1名年轻男子形迹可疑，后来还在男子如厕时听到厕所里发出子弹上膛的声音。可疑男子走出厕所时，手里握有一把AK47，开枪向乘客扫射。2名海军陆战队队员迅速行动，将其制伏。25岁的恐怖袭击嫌疑人阿尤布·卡扎尼（Ayoub el-Qahzzani），摩洛哥籍，属于法国国家安全最高级别“警告”（Warning）的极端分子。
6	2016年7月	14日晚间，法国南部城市尼斯著名的滨海大道上聚集了大量民众观看国庆节烟火表演，一辆卡车以高速冲入人群，司机还拿出枪向人群射击，造成77人死亡，数百人受伤。袭击者穆罕默德·布莱勒，有法国和突尼斯双重国籍。
7	2016年7月	26日上午，2名不到20岁的男子（阿德尔·凯尔米什和阿卜杜勒·珀蒂）手持匕首和手枪闯入法国北部诺曼底地区的一座16世纪修建的天主教教堂圣艾蒂安德鲁弗莱教堂劫持了1位神父、3名修女和2位祷告者作为人质，最终杀害了年迈的神父。

二、“世俗主义”对激进化的影响

作为法国本土“圣战”恐怖分子，梅拉赫、纳姆什、库瓦奇兄弟等人的动机来自宗教信仰，所以，理解西方本土“圣战”产生的背景是很重要的，尤其是法国的“世俗主义”背景，国家忽视他们的存在，文化与宗教传统将他们与主流社会相分离①。

从法国大革命开始，法国的社会和政治结构就建立在“世俗主义”基础之上，它意味着法国政府不承认公民之间存在差异，如法国拒绝为少数民族或局部地区的语言签署欧盟特许状，这样做的理由是如果同意的话就等于法国政府承认了本国少数族群的存在，这样一来就会违反世

① Paul Smith, The Terrorism Ahead: Confronting Transnational Violence in the Twenty-First Century (New York: M. E. Sharpe, 2008), p. 172.

俗主义原则[①]。通过假定其所有公民都是平等和相同的，法国忽视了事实上存在并且应当注意的差异，这样一来，造成了穆斯林族群与主流社会本来就已经出现的分离态势的扩大。

个人作为世俗的公民在政府面前应当人人平等，包括参与政治和接受教育，这导致法国国内关于佩戴穆斯林头巾的争论，并以在学校内禁止佩戴头巾而告终。在法国，法律保护公民权利但不意味着允许公民在公共场所表达个人的宗教信仰。宗教信仰，对于这个国家来说，属于公民私人领域的东西，这也是法国另一种孤立其大量穆斯林人群的方式，对于来自伊斯兰国家的家庭来说，这并不属于私人问题，而是一个国家层面的宗教信仰问题。虽然少数民族在这个国家不应该被独立出来，也不能被孤立，但否定他们的存在会导致这个族群的异化并产生一个新的族群。而法国却致力于本国公民的“雷同”，要求不同种族不同信仰的公民完全同化。在这两种方式的综合作用下，必然产生穆斯林族群与主流社会的隔离以及“背叛”[②]。

2015 年 1 月发生的《查理周刊》恐怖袭击突出反映了法国的宗教群体（穆斯林群体）与法国主流社会之间的紧张关系，伊斯兰教义与法国社会主流意识形态之间存在根本性的冲突。相比在法国的身份认同，穆斯林更加忠实于其本身的宗教。[③] 法国人与穆斯林之间的紧张关系由来已久，一方面，法国的“世俗主义”传统要求国家（而不是宗教）占有绝对统治地位，这从法国打击天主教教堂的历史就可以体现出来。因此，当现在的穆斯林宣称其宗教身份时，便产生了威胁到法国世俗主义传统的恐慌。法国历史上的主要宗教是基督教，伊斯兰教被认为是对传统宗教的新威胁。另一方面，许多法国穆斯林是来源于法国前殖民地国家的移民，基于殖民与被殖民的历史，双方的关系就更显紧张。由于极端恐怖主义以及西方国家是在阿富汗、伊拉克和其他中东国家进行的战争，法国主流社会与穆斯林之间这种长期存在且基于深厚历

---

① Bakker, Edwin. Jihadi Terrorists in Europe, Their Characteristics and the Circumstances in Which They Joined the Jihad: An Exploratory Study. The Hague: Clingendael Institute, 2006.

② Picador; Sageman, Marc. Understanding Terror Networks. Philadelphia: University of Pennsylvania Press, 2004.

③ Elizabeth Sebian, Islam in France, available online at http://www.euro－islam.info/country-profiles/france/ [Accessed 2 July 2012].

史因素的紧张状况在过去的 10~15 年内更加被政治化了。需要指出的一个重要问题是，法国的许多穆斯林很难平衡其在宗教世界与世俗国家之间身份差异上的矛盾。有大量证据显示，法国存在反穆斯林的情绪，近年来的研究显示，法国穆斯林不仅在劳动力市场受到歧视，即使在日常生活中也受到怀疑与敌视①。

虽然美国与法国同样都遭到伊斯兰恐怖主义的威胁，但是两者最主要的差别在于，美国不会认为宗教是威胁国家的主体，美国的穆斯林也并非主要来自美国的前殖民地国家，并且美国穆斯林大多受过更好的教育、更加富裕，所以法国穆斯林与美国穆斯林在各自历史和经济关系方面完全不同。当法国穆斯林于 20 世纪五六十年代来到法国时，他们主要被认为是“移民工人”，是来帮助第二次世界大战后法国重建的人，当时也由此引发了政府应如何管理其社会-经济状况的各种讨论。后来，随着各国移民的不断涌入并在法国“安居乐业”，又产生了移民之间由于来自不同国家而产生的融合问题——阿尔及利亚与摩洛哥移民面临来自塞内加尔、葡萄牙或意大利移民的挑战。在 20 世纪 90 年代和 21 世纪初期，宗教成为阻碍法国种族融合的主要问题。这部分归于伊斯兰教全球政治化的原因。法国穆斯林被疏远，并对其法国身份产生敌意。②

《查理周刊》袭击案之后，法国的主流社会及非穆斯林很担心遭遇更多的恐怖袭击，而穆斯林则担心会遭遇反穆斯林的浪潮——尽管这已经成为现实。在一系列法国本土“圣战”分子实施的恐怖袭击发生之后，法国国内已经出现了反穆斯林情绪。正如法国前总理多米尼克·德维尔潘所担心的那样：“如今的第三个敌人是社会分裂。我们国家的社会形势正在变得一天比一天紧张，它的精英们正越来越多地公开谈论族群分裂和排他情绪。历史告诉我们，团结的堤防一旦毁坏，国家就有崩溃的危险。如果我们自己也必须使用暴力，那说明我们的社会已经分

---

① Elizabeth Sebian, Islam in France, available online at http://www.euro-islam.info/country-profiles/france/ [Accessed 2 July 2012].

② Alain Rodier, The Terrorist Threat in France in Fall 2011 [La Menace Terroriste en France à l' Automne 2011], Note d' Actualité no. 256, Centre Francais de Recherche sur le Renseignement, available online (in French) at http://www.cf2r.org/fr/notes-actualite/la-menace-terroriste-en-francea-automne-2011.

裂、衰退、封闭，变成了一个正在流血的受伤之国。”①

三、法国治理激进化的意识转变

不同于“9·11”这种外来恐怖分子的袭击，2004年西班牙马德里“3·11”连环爆炸案以及2005年英国伦敦“7·7”地铁爆炸案，分别由西班牙和英国的本土移民后裔实施。这两起骇人听闻的恐怖袭击促使欧洲一些国家陆续推出了反激进化策略，这些策略既包括上述各种借助刑事司法体系的“硬性”措施，也包括利用社区或社会力量实现的各种“软性”措施。

但这一时期的法国并没有任何去激进化的举动，或者可以说当时的法国认为其没有去激进化的必要。事实上，直到2014年之前，法国政府并不认为激进化是应该加以处理或者需要采取特殊干预措施的现象。这大概要归因于法国对“世俗主义”的理解，以及其已经形成并发展成熟的反恐刑事司法体系。

如前所述，法国穆斯林移民人口众多，但始终无法融入主流社会，而且其社会地位、经济条件一直处于下层水平。法国政府执行彻底的“世俗主义”，实际上对穆斯林的宗教信仰存在一定程度的歧视（如《反头巾法》）。在国际恐怖组织鼓吹“圣战”思想的蛊惑下，越来越多的法国本土穆斯林出现“‘圣战’激进化”倾向或直接远赴中东地区加入“圣战”。

法国的“世俗主义”不允许在公共领域出现宗教，换言之“对于法国反恐官员来说，与伊玛目和社区宗教机构建立正式合作关系是不可能的事情，就如同地方警察协会与清真寺或穆斯林警察协会进行合作一样不具可能性”。法国政府不区分种族或宗教团体，因为只能有一个“法国”社区。

更为重要的是，法国政府构建了稳固与强硬的反恐刑事司法体系，足以迅速逮捕和起诉涉嫌恐怖主义的犯罪嫌疑人。法国当局不会将激进

① ［法］多米尼克·德维尔潘：《对恐怖主义、恐惧和社会分裂说“不”》，王倩、彭翠岩译，载《中国经济报告》2016年1月。

化作为恐怖主义演变的一个过程，激进化本身就可能触犯法律[①]。因此，那些被国外恐怖组织招募的或者已经从国外“圣战”战场返回的激进分子都会被置于反恐当局的监视之下，或者已被逮捕、受审或服刑。一些学者认为，法国政府在回避关于“恐怖主义或政治暴力发生的社会政治条件”的争论，但即便如此，法国已经将自己陷入了“Catch-22”[②] 的境地——虽然恐怖犯罪定罪率很高，并且再次定罪的概率也相当大，几乎60%的罪犯在他们被释放后的5年内会重返监狱，但服刑的平均时间仅仅为7年。这就意味着有相当数量的“圣战”囚犯一直存在，他们中的许多人可能参与劝说和煽动其他人。[③]

在“9·11”袭击事件后的10年内，法国总共通过了5部国内安全法，旨在加强预防恐怖主义的能力及对恐怖分子的监控。2012年穆罕默德·梅拉赫袭击案、2014年迈赫迪·纳姆什袭击案以及2015年《查理周刊》袭击案又引发了另外3部反恐法案的颁布。其中，2012年与2014年反恐法案主要针对归国“圣战”分子。据统计，法国是西方国家中拥有从叙利亚和伊拉克归国的“圣战”分子人数最多的国家，在2012年至2015年，至少有800名法国人离开法国前往叙利亚和伊拉克。

此外，2012年反恐法案增加了对以书面、口头、图形方式煽动或赞颂恐怖主义的处罚；访问军事或意识形态训练营，在国外实施恐怖行为也构成犯罪。与此相似，2014年反恐法案引入了新的打击措施，也就是寻求预防、打击和惩罚归国“圣战”分子、独狼和网络招募。具体来说，如果有“可靠的理由”相信法国公民会加入恐怖组织或参与恐怖主义活动的，法律授权反恐部门可以没收他们的护照和身份证；反恐部门不需司法许可即可关闭煽动或颂扬恐怖主义的网站；“独狼”恐怖犯罪会被起诉；针对独狼和在线招募恐怖分子也作出了专门规定：搜

---

① 如前章“法国的反恐法律与反恐机构”所述，法国法律规定“具有恐怖主义意图也构成犯罪”。

② 源自著名小说《第二十二条军规》。Catch-22已作为一个独立的单词，使用频率极高。用来形容任何自相矛盾、不合逻辑的规定或条件所造成的无法摆脱的困境、难以逾越的障碍，表示人们处于左右为难的境地，或者是一件事陷入了死循环，或者跌进逻辑陷阱等。

③ Jean-Luc Marret, “Prison De-Radicalization and Disengagement: The French Case,” ICSR Project on Deradicalization in Jail (October 20, 2009), p. 21.

寻、获取和制造用于恐怖活动的物质也是犯罪行为。后面两条规定显示法国反恐对象不仅包括激进化行为，也包括激进化意识。

《查理周刊》袭击案后法国政府推出了类似的安全防卫策略，从经费、人力资源、监控权力等方面加强反恐。法国总理曼纽尔·瓦尔斯指出，2015 年法国的反恐资金将会增加 2.46 亿欧元，到 2017 年总共增加 7.36 亿欧元，总共创设 2680 个职位，其中 1400 个在内政部，主要在国内情报机构任职①。2015 年 5 月实施的立法改革中，法国议会通过一项新的情报收集（包括窃听，击键记录，互联网和电话连接数据）行政法案②。该法案也对监狱中的情报收集作出规定：情报部门负责对监狱通信的监控和监狱情报的搜集，监狱管理部门不再具有以上职权。2015 年 4 月公布的一项为期 3 年的全国性计划显示出法国政府对打击激进化意识形态的努力：种族主义和反犹太主义行为、仇恨言论，以及在互联网上的激进化言论也被视为犯罪，并导致更加严厉的徒刑③。

四、有限的柔性去激进化措施

在经历了频繁的本土“圣战”袭击之后，法国政府逐渐意识到，单靠国家安全政策与刑事司法体系无法战胜那些宣称以伊斯兰教的名义行动的“圣战”分子带来的挑战，这需要政府下工夫深入穆斯林社区，努力使那些信仰伊斯兰教、可能坠入袭击计划的年轻人去激进化。对于去激进化，没有哪个国家有过特别成功的案例，即使在已将此作为一个政策重点的英国。但法国需要采取更多措施，防止生活在城郊贫民区、热血沸腾的年轻穆斯林考虑选择暴力。④

但法国并没有采用英美等西方国家以社区为主要目标的去激进化对策。在一个秉承“世俗主义”原则，缺乏社区警务传统，拥有强大刑事司法体系的国家，“多元文化”的英国治理模式或“移民熔炉”下的

① David Revault d' Allonnes; Bastien Bonnefous, “Valls annonce la création de 2 680 postes pour lutter contre le terrorisme,” Le Monde, January 23, 2015.

② Mathilde Siraud, “Le projet de loi sur le renseignement adopté à une large majorité,” Le Figaro, May 5, 2015.

③ Alissa Rubin and Aurelien Breeden, “France Announces Stronger Fight Against Racism and Anti-Semitism,” New York Times, April 17, 2015.

④ 恐袭之后法国怎么走？英媒评论：让穆斯林青年非激进化_ 欧洲时报 http://www.oushinet.com/news/europe/france/20150112/178834.html。

美国模式显然并不适用，或根本不被接受。就如同《查理周刊》袭击事件发生之后法国前总理多米尼克·德维尔潘所说：我们面对的是三个不同的强大对手。第一个也是最明显的对手就是恐怖分子。不能听任宗教极端分子肆意散布仇恨而不受惩罚，必须动用国家的一切法律手段将他们逮捕法办。我们必须改进防御系统、监控系统和某些敏感场所的保护系统，同时还要防止激进行为，特别是在监狱里。与这些没有国界的敌人进行斗争，只有在欧洲范围内以及在与其他有关国家之间不断加强警察和司法部门的合作，才会切实有效。[①] 事实也是如此，法国采取的柔性去激进化措施非常有限。

2015 年 1 月，法国政府宣称使用了一些措施来阻止、预防"'圣战'激进化"，尤其监狱内的激进化。很显然，正如上文所提到的，法国不仅没有将意识形态上的激进化视作应当单独处理的现象，而且也一直没有考虑使用"柔性"策略的想法。2013 年，《国防与国家安全白皮书》引用了"发达政府在与激进主义的战斗中掌握主动权的必要性[②]"的说法，以及此后法国外交部长让马克·艾罗号召对"预防激进主义现象"展开讨论[③]之后，法国对激进化才开始采用怀柔策略。内政部在 2014 年春天提出了"与激进主义战斗"的计划。该计划旨在摧毁恐怖分子招募网络，防止法国公民加入叙利亚战争。尽管有人怀疑此项计划只是政府为了回应公众对不断增长的"圣战"分子人数不满而作出的一种敷衍策略；但更多的人相信是 2012 年穆罕默德·梅拉赫袭击事件引发了政策的转变。尽管如此，法国 2014 年的去激进化计划仍然具有重要意义，因为这是法国政府首次在全国范围内实施的，向通过柔性策略来处理激进化以及暴力极端主义转变的过程。

与其他柔性去激进化策略占主导地位的欧洲国家一样，法国的计划为那些"风险"个体建立了一个全新的全国范围电话热线和网站，他们的家人或者社区成员能够通过拨打热线来寻求建议，通过门户网站上

---

① ［法］多米尼克·德维尔潘：《对恐怖主义、恐惧和社会分裂说"不"》，王倩、彭翠岩译，载《中国经济报告》2016 年 1 月。

② Livre blanc, Défense et la Sécurité Nationale (Paris: Direction de l' information légale et administrative, 2013), 104.

③ "Terrorisme: Ayrault demande 'une réflexion sur les phénomènes de radicalization'," Les Echo, October 4, 2013.

传文章，通知政府或执法当局，而且还能利用地方政府部门或公益组织提供的跟踪援助项目。提供援助的主体包括检察官、市长、警察、学校、宗教领袖、家族基金会、青年就业服务部门，其作用是重塑那些“风险”个体（尤其容易激进化的青少年），并使之重新融入社会。

然而，法国的热线电话被质疑依然以国家安全为导向，尤其与其邻国德国的情况相比。在德国，由联邦移民与难民事务办公室（BAMF）资助的政府与私人合作的咨询网络非常成功地影响了许多“目标家庭”，而且有效替代了由联邦国内情报机构（HATIF）设立的电话热线（后者被认为与穆斯林社区的联系比较糟糕）。HATIF 电话热线旨在针对个体去激进化的项目，而 BAMF 咨询网络则是针对“激进个人”家庭展开的项目。BAMF 运转的“激进化咨询中心”首先会接触那些需要“帮助”的个人，提出建议并进行初级审查，然后大概有 1/4 的“案件”会移交到地方机构提供专业咨询。家庭层面的干预措施旨在通过建立反叙事性的、破除习惯行为和提供情感支持的体系对思想、实践、情感造成冲击和支持。

在法国，内政部下设的“国家援助与预防激进主义中心”（CNAPR）有 10 个工作人员，接受了反恐协调单位（UCLAT）伊斯兰专家的训练。UCLAT 同样也有热线，富有经验的预备役国家警察在两名在职警察和一位心理学家的帮助下负责信息筛选和分析。UCLAT 的局长洛克·卡尼尔在被问到有关针对激进分子的安全措施时强调，选择如上人员作为热线工作人员并不是因为他们警察的身份，而是因为他们有多年的工作和生活经验，他们有善于“倾听他人、并敏锐发现他人情感的能力”。有趣的是，备受期待的 2015 年 6 月的国家议会委员会中关于激进主义的报告称“国家援助与预防激进主义中心”是一个重大突破，因为它可以管理激进分子身边的人员，辨别可疑情况，然后要求执法当局采取进一步行动①。

五、狱内去激进化策略

在《查理周刊》袭击事件后，法国政府开始将注意力放在监狱激

---

① Marion Garreau, “Un numéro vert contre la radicalisation djihadiste,” Le Monde, February 12, 2015.

进化问题上。聚焦监狱的激进化并非偶然所致：从 2012 年的“独狼”穆罕默德·梅拉赫，到 2015 年袭击《查理周刊》的切里夫·库阿奇和阿米迪·库利巴利的激进化发展轨迹来看，这些“圣战”分子都因其在监狱服刑的经历受到重要影响。切里夫·库阿奇在弗勒里-梅洛斯监狱遇见了阿米迪·库里巴利，前者在这个监狱从 2005 年 1 月被关押至 2006 年 10 月。当阿米迪·库里巴利因抢劫和运输毒品被判刑后，在监狱中变成激进分子。切里夫·库阿奇因为试图前往伊拉克恐怖分子营地而在监狱服刑，在此期间他的“圣战”信仰明显变得更加坚定。穆罕默德·梅拉赫在 2012 年的一周内射杀了 7 人，他也同样是在狱中变成激进分子的。最后，迈赫迪·纳姆什，被指控是在 2014 年布鲁塞尔犹太博物馆射杀 4 人的恐怖分子，也是因为抢劫在狱中服刑时变得激进的。

法国总理瓦尔斯宣称为了更加有效地反对狱内激进化，那些被认为是激进分子的囚犯将与普通囚犯分开，并集中于一个特殊监狱中服刑。将激进化囚犯与普通囚犯分别囚禁在之前的特别拘留程序就已经实施过，只是其仅仅针对个人①。2014 年 11 月，福恩斯监狱（马恩河谷省）开始试点集中关押 23 名激进化囚犯。然后，又指定另外 4 所监狱专门关押激进化囚犯，并派遣 55 名情报官员加入这些监狱。于 2003 年建立的“监狱情报办公室”（Bureau du Renseignement Penitentiaire）旨在保持对囚犯行为的关注和观察，调查和控制那些表现出与监狱主流形态不符的囚犯。2012 年穆罕默德·梅拉赫袭击事件后，监狱管理部门向负责搜集国内情报的“国内情报总局”（DGSI）分享了梅拉赫在监狱内激进化的情报，由此引发了一系列的改革。“国内情报总局”（DGSI）开始对监狱工作人员进行有关“激进主义伊斯兰”新问题的训练。2015 年 1 月 5 日后，监狱管理部门的官员需要向“反恐协作单位 UCLAT”汇报详细工作，并参与每周的例会。②

法国政府隔离激进化囚犯的决定一直饱受批评，因为具有导致“监狱大学”的风险。“志同道合”的人处于同一空间会扩大激进化群

---

① “Fight against terrorism-Handling of the terrorist attacks of 7-9 January 2015-Communiqué issued following the Council of Ministers’ meeting (excerpts),” January 13, 2015.

② Ministère de la Justice, “Lutte contre la radicalisation en prison: Les actions mises en place,” January 12, 2015.

体，并使他们有机会去讨论其想法、策略、战术、失误和最佳实践方式。正如有些学者所警告的那样，将极端分子和普通囚犯分开，也许能预防他们（极端分子）影响其他人，但是如此一来他们（极端分子）之间的联系就更加紧密了。他们同样可能间接影响到普通囚犯。而且，轻微刑事案件的罪犯也可能是极端分子，即使他们并没有因为恐怖主义受到指控，但目前的分离关押政策主要针对的是那些因为恐怖主义受到指控的罪犯。①

法国时任司法部长克里斯蒂娜·陶比拉坚持要在激进化囚犯之间再度实施单独个人关押政策，但这会带来实践操作上的挑战。众所周知，贾马尔·本贾尔②，因为密谋袭击美国驻巴黎大使馆而判处 10 年监禁，他在这些《查理周刊》袭击者的监狱激进化过程中扮演了重要的角色。虽然贾马尔·本贾尔被独自关押，但在 2003 年至 2006 年他与谢里夫·库阿奇和阿米迪·库利巴利却保持着联系。有学者警告说监狱隔离关押只能作为最后诉诸的不得已手段，而且应仅适用于激进化程度最高的囚犯，尤其考虑到近年法国从海外归来的“圣战”战士数量不断增加。不过，并非所有的归国“战士”都转变成了坚定的“圣战”分子，相反有些十来岁的青少年也会因此而梦想幻灭或精神受创。③

法国国家议会委员会的一份报告第一次将归国“战士”划分为三类：第一类，坚定的“圣战”分子，需要采取司法措施和监禁；第二类，梦想幻灭、感到沮丧，但未实施任何犯罪的人，需要再教化并使其重新振作；第三类，因暴力和战争产生精神创伤的人，需要加以心理治疗④。该份报告还区分了监狱内对不同囚犯的不同对待方式：对有激进化倾向的囚犯，应将其隔离以防止其“进一步招募新人和向其他囚犯

---

① Cécile Chambraud, “En regroupant les radicaux, on renforce leurs liens,” Le Monde, January 13, 2015.

② 袭击《查理周刊》的两名枪手之一谢里夫·库阿奇（Cherif Kouachi），据信是在监狱服刑期间被伊斯兰主义狱友 Djamel Beghal 灌输激进理念的，后者曾在 2001 年策划袭击巴黎的美国大使馆。谢里夫·库阿奇以及打死 1 名女警察、后来又在一家犹太超市打死 4 人的阿米迪·库利巴利（Amedy Coulibaly），曾到奥弗涅的农村地区拜访软禁中的 Beghal。

③ Daniel Byman and Jeremy Shapiro, “Be Afraid. Be a Little Afraid,” Brookings Policy Paper (November 2014), pp. 26-7.

④ Piotr Bakowski and Laura Puccio, “‘Foreign Fighters,’” European Parliamentary Research Service (February 2015), p. 34.

宣传激进主义思想”；对那些没有激进化倾向的囚犯，应将其划分到去激进化效果好的普通区域；对那些具有潜在激进化倾向的囚犯，可以纳入普通区域，但是应受到情报部门的专门监视。

然而，这项政策仍存在一个问题，即当囚犯表现出激进化信号时，是仍将其关押在原来的地方还是应该将其隔离开来。报告展示了福恩斯监狱试点项目的教训，该监狱的一个特殊区域关押着那些因恐怖主义行为被定罪服刑的囚犯以及那些仅被指控尚未定罪的嫌疑人。福恩斯监狱的试点项目旨在改变这些囚犯或嫌疑人的宗教信仰，议会委员会的这份报告也承认“福恩斯监狱模式必须要再度思考和改进，尤其在混合关押未决犯与服刑犯，监狱工作人员的培训以及反激进化项目匮乏方面”。[①]

尽管法国政府在《查理周刊》袭击事件后决定隔离激进化囚犯，并命令情报机构密切关注狱内动向，以对激进化囚犯展开全面的安全措施，但政府的一项动议尤为引人关注。法国总理瓦尔斯提到“应在招募和训练伊玛目的前提下，手把手地实施狱内隔离政策。不仅要提升监狱内伊玛目的培训，而且也要将人数增加到 60 名”。[②] 此项计划旨在预防“第一场所”中“圣战”病毒的扩散，这对监狱伊玛目而言也是巨大的挑战，因此需要那些可以理解社交媒体的，愿意并善于展开政治辩论的伊玛目。对监狱伊玛目的关注反映出法国政府在反激进化斗争中运用更多的柔性策略，这是法国反恐引人注目的转变。

法国 66761 个监狱囚犯中至少有 50%是穆斯林，2014 年监狱内一共有 182 名伊玛目，68 名天主教和 70 名犹太牧师。穆斯林领拜人的缺失被认为给那些自己任命的或“自学成才”的伊玛目和激进化观念提供了空间。2009 年、2010 年，法国政府的确增加了监狱伊玛目的数量，并且建立了新的诊疗和训练项目，以确保伊玛目的教育理念与法国的价值观念相匹配，这些“法国制造”的伊玛目，被视为宣传温和伊斯兰教义的最好途径。在 2012 年穆罕默德·梅拉赫和 2014 年迈赫迪·纳姆什袭击事件发生后，监狱伊玛目的作用同样受到审视和讨论。2012 年

---

① Piotr Bakowski and Laura Puccio, “‘Foreign Fighters,’” European Parliamentary Research Service (February 2015), p. 47.

② Harriet Alexander, “What's going wrong in France's prisons?” The Telegraph, January 17, 2015.

至2013年伊玛目的数量增加了30人，但监狱伊玛目的地位并未得到提升，也不够专业化，事实上他们的整体水平正在逐渐下降。① 2014年6月，法国首席监狱伊玛目塔里皮，呼吁为监狱牧师争取类似于军医或军队牧师那样的正式职位。

目前，法国政府仅仅支付了监狱伊玛目的差旅费用，而且就算对监狱伊玛目的预算投入翻倍，也仍然无法解决其年薪、退休金和健康医疗费的问题。虽然监狱的天主教牧师也不享有如上经济来源，但他们可以通过负有培训责任的天主教会获得经济援助。寻找一个有资格的、温和的伊玛目不仅仅存在经济上的挑战，而且，当伊斯兰教的精神领袖并不需要进行一种标准化的教育时，确认伊玛目的资格也成了一个棘手的问题。监狱伊玛目是志愿者，但是并不接受任何“军队中既存的，由专业机构提供”的强制训练。增加合格的监狱伊玛目的数量被认为是反监狱激进化必不可少的步骤，而且需要整合各部门的工作，需要运用跨行业方法。“监狱调查与监督激进分子项目”主管柯伊思认为，除非在各个监狱管理部门中建立起由各种专家（如监狱顾问和缓刑官、情报官员、学校教师、医生、心理医生等）紧密合作的体系，否则将无法抵挡激进化的新态势。基于法国“世俗主义”这一特性，建立这种跨行业的合作体系成为预防狱内“极端化”的当务之急。但具有讽刺意味的是，穆斯林领拜人却是监狱（伊玛目）管理部门最重要的合作者，根据柯伊思的观点，“难以想象一个世俗国家只能通过宗教方式来解决一个社会问题”。②

---

① Ministère de la Justice, “Lutte contre la radicalisation en prison: Les actions mises en place,” January 12, 2015, http://www.justice.gouv.fr/la-garde-des-sceaux-10016/lutte-contre-la-radicalisation-en-prison-27787.html.

② Kies, “Privilégions le travail social!” http://www.prisonstudies.org/country/france.

第七章　美国：“移民熔炉”背景下的治理对策

对于激进化的官方称谓，美国与欧洲有一定的差异。严格意义上讲，英国、法国所说的激进化在美国通常被称为极端主义或暴力极端主义，即激进主义向恐怖主义发展过程中出现的暴力主义倾向。

一、“移民熔炉”背景下的“例外主义”

在解决后“9·11”时代西方的本土恐怖主义威胁时，美国的恐怖主义研究学家普遍认为：相比美国穆斯林，西欧穆斯林更为激进，暴力程度更高。这不能简单归因于美国以国家安全为导向的法律实施得更谨慎。[①] 相反，穆斯林在美国的社会融合被看作一道防护墙，用于抵御“圣战”组织进行教义灌输、宣传以及筹划活动和招募新成员。“这个国家是个民族大熔炉，美国梦、个人主义、草根主义——这些文化价值观让美国的穆斯林不太可能如他们的欧洲同胞一样认为，世界上存在着对抗伊斯兰教的战争”。[②]

对于21世纪初，发生在欧洲的几次大规模恐怖袭击事件，美国政府的回应是不同的。在美国官员看来，欧洲本土“圣战”分子的产生，主要基于穆斯林民族融合的失败，而产生的意识形态不被认同，社会与

---

① Piotr Bakowski and Laura Puccio, “ ‘Foreign Fighters,’ ” European Parliamentary Research Service (February 2015). The Dutch and British governments have been spearheading these efforts, see James Brandon, “The UK's Experience in Counterradicalization,” Combating Terrorism Center Sentinel 1, 5 (April 2008); Lorenzo Vidino, “A Preliminary Assessment of Counterradicalization in the Netherlands,” Combating Terrorism Center Sentinel 1, 9 (August 2008). 2.

② ［美］L. 纳克斯著：《反恐原理》，陈庆等译，社会科学文献出版社2016年版，第139页。

经济地位边缘化。如时任美国国土安全部部长迈克尔·切尔托夫警示性地提到了“欧洲可能成为一个威胁美国的平台”。[①] 根据他的观点，欧洲穆斯林的权利被剥夺的越多，受到的歧视和排斥越多，其求助于恐怖主义的可能性就越大。而与此同时，民族融合顺利（或堪称完美）的，受过良好教育和具有良好经济基础的美国穆斯林则不大可能袭击他们的家园，因为他们主要忙于追求各自的“美国梦”。美国作为一个典型的移民国家，不同种族、不同肤色的移民“大熔炉”似乎成为美国“例外论”的真实写照。

美国“例外主义”这个概念是由亚历克西斯·德·托克维尔在19世纪提出的。基于“例外主义”理念，产生了一种普遍的假设，即美国受到的任何恐怖主义威胁皆来自于美国之外，并且美国穆斯林对激进主义意识形态是具有免疫性的。2007年年初的一份调查报告显示，尽管欧洲穆斯林强烈反对美国在伊拉克和阿富汗的战争，但美国穆斯林大部分被同化了，他们对现有的生活感到满意，对于全世界很多将穆斯林和西方人分开的事件都持温和态度。调查发现，“在美国的穆斯林反对伊斯兰极端主义的程度要大于那些在西欧国家的穆斯林少数民族们”。[②]

2008年的一份参议院报告指出：相比其他国家，“圣战”极端化不太可能发生在美国。[③] 不同于欧洲的一些其他国家，美国长期以来吸收不同国家移民的传统减缓了美国国内“极端化”的进程。有学者把这些归因于“美国经历”独特文化的影响，认为在大多数情况下，美国多样化的穆斯林社区很好地融入了社会，并且也希望维护家庭安全与社区和平。

2007年，布莱恩·詹金斯在一份议会报告中表示：“自从‘9·11’恐怖事件之后，美国境内没有重大的恐怖主义袭击或者更大的恐怖主义阴谋，这是个好消息，但这不能完全解读为情报信息增强了或是安保加强了。这表明，美国的穆斯林人口就算不能对“圣战”意识形态完全

---

① Kate Kelland, “Chertoff Says Europe Poses Terrorism Threat,” Reuters, January 16, 2008.

② ［美］L. 纳克斯著：《反恐原理》，陈庆等译，社会科学文献出版社2016年版，第144页。

③ United States Senate Committee on Homeland Security and Governmental Affairs, “Violent Islamic Extremism, the Internet, and the Homegrown Terrorist Threat,” Majority and Minority Staff Report (May 2008), 4.

免疫，也可能比那些欧洲的穆斯林更少受到影响。但是，实施恐怖主义袭击，并不需要大部分人参与，只需要一小部分人就可以了。”①

“大熔炉”意识对美国反恐政策产生了实际影响，直到2009年，美国政府根本没有考虑到本土“圣战”恐怖主义的威胁，因而聚焦于外来恐怖势力，将防控重心放在加强边境安全检查方面。② 正如学者伯恩和霍夫曼所说“尽管‘大熔炉’无疑让我们产生了本土恐怖主义不可能发生在美国的自满情绪，但是美国‘大熔炉’并没有提供一个能防止美国公民‘极端化’以及防止恐怖组织招募新成员的防火墙。”他们进一步告诫，“顽固地将自己封闭在这个虚假安全区内，使得美国错失了向英国学习相关经验的五年时间”。③

二、“例外主义”理念的挫败

从2001年9月11日到2008年12月31日，美国境内共发生12起“圣战”恐怖袭击事件，袭击者均是美国本土穆斯林。但仅在2009年，美国就发生了2起“圣战”恐怖袭击和6起恐怖阴谋（未成功实施），这个数字达到了迄今为止美国境内类似事件的最高纪录。2009年6月1日，在阿肯色州小石城一个征兵中心门前，阿卜杜·哈基姆·穆罕默德，一名美国穆斯林，开枪打死1名新兵、打伤1名新兵后被捕。2009年11月6日，美国陆军得克萨斯州胡德堡（Fort Hood）基地的陆军少校、精神科医生哈桑在基地大开杀戒，向人群扫射，造成13人死亡、28人受伤。

2010年5月1日（美国时间），一辆汽车停在西45街和第7大道交叉路口，车上装载着用2个计时器、3个丙烷气罐和另外2桶一加仑装汽油以及烟花制成的炸弹。所幸汽车炸弹并未爆炸，而只是冒出白烟，这令纽约时代广场陷入混乱并关闭，恐慌困惑的人群被紧急疏散。事后警方发言人布朗说，看上去炸弹已经处于引爆状态，但发生了故

---

① ［美］L. 纳克斯著：《反恐原理》，陈庆等译，社会科学文献出版社2016年版，第139页。

② White House, Office of the Press Secretary, “Remarks of Denis McDonough, Deputy National Security Advisor to the President—As Prepared for Delivery,” March 6, 2011.

③ Peter Bergen and Bruce Hoffman, “Assessing the Terrorist Threat,” Bipartisan Policy Center (September 10, 2010), p. 16.

障。这起恐怖阴谋的策划者，是时年 30 岁的巴基斯坦裔美国人费萨尔·沙赫扎德，于 5 月 3 日晚间在纽约肯尼迪国际机场被拘捕，当时他企图搭乘飞往迪拜的飞机离开美国。

在经历了 2009 年、2010 年大量激增的“圣战”恐怖袭击或恐怖阴谋之后，白宫于 2011 年提出了第一项《反暴力极端主义计划》。国家安全顾问丹尼斯·麦克唐纳在回应批判时解释说：“尽管在美国历史上有各种各样的暴力极端分子，但很长一段时间里，许多美国人认为独特的‘熔炉’意味着我们可以免疫于这种威胁（穆斯林‘极端化’），但那是虚假的期望和虚假的安慰，这种威胁是真实的并且是严重的。”①

胡德堡军事基地的袭击者哈桑，他的父母来自耶路撒冷附近的一个小镇，但哈桑是一个典型的美国人，他出生在弗吉尼亚州并在那里长大。他受过良好的教育，曾就读于弗吉尼亚理工大学，也拥有一份好职业——军医。据一位穆斯林宗教人士称，哈桑“非常虔诚”，一直向他请教各种宗教问题，但从没有问过有关极端分子的问题，从未表现出任何挫败感，从未表现出任何向他人复仇的意愿。而哈桑的原同事特里·李上校对此并不认同，称哈桑曾表示希望看到穆斯林“反抗侵略者”的情景。他说：“马利克②曾说，或许穆斯林应该团结起来，共同对抗那些侵略者，我们最初以为他是说穆斯林应该挺身而出，帮助伊拉克及阿富汗境内的军队，但很明显他所指的并非如此。”③

纽约时代广场爆炸未遂案的主谋沙赫扎德，19 岁从巴基斯坦赴美国求学，后来成为了一名金融分析师。他买了房子，结了婚，还有两个孩子。他去美国并不是为了摆脱贫困，作为一名军官的儿子，他曾经在一个非常自由的环境中接受良好的教育。但在美国学习期间，他却沉迷于豪车、美女和酗酒。2006 年，沙赫扎德成为宗教信徒，并接受了他频繁访问的“圣战”网络上的流行观点，即“西方世界与伊斯兰教正处于交战状态，穆斯林正遭受羞辱，因为他们已经停止反抗，偏离了宗教责任”。他在给朋友的信中写道：“我们今天的穆斯林，伊斯兰教的

---

① White House，Office of the Press Secretary，“Remarks of Denis McDonough，Deputy National Security Advisor to the President—As Prepared for Delivery，” March 6，2011.

② 哈桑全名 Nidal Malik Hasan，马利克是其名。

③ 百度百科：纳达尔·马利克·哈桑。https：//baike. baidu. com/item/纳达尔·马利克·哈桑/2968312.

信徒们，受到国外异教徒势力的袭击和侵占。”他认为针对伊斯兰教和穆斯林的十字军讨伐已经开始，在衡量和平行动和暴力行动的前景时，他最终加入“圣战”战士行列，他写到“那些为了真主安拉把自己的生命献给未来的战士，不管是谁为安拉而战，被杀害或者获得了胜利，我们都应该给予重赏”。[①]

事实证明，“移民大熔炉”并没有使美国避免遭受本土“圣战”分子的袭击。如同欧洲政府官员与学者所困惑的那样，美国的政策制定者与学者也发现他们无法描述激进分子的“极端化”进程，因为即使是受过良好教育的，综合素质高的，并且富有的美国公民也可能变成激进分子，上述两起袭击案的主谋便是典型的例子。这似乎印证了学者伯恩和霍夫曼的观点：虽然激进分子没有统一的形成模式，但在形成过程中却有一些共同因素：对所在国家产生的憎恨（这种憎恨不是一开始便有的，通常是由美国等西方国家对伊斯兰国家的战争引发的仇恨），个体本身危险程度的可塑性，以及利用宗教热忱将暴力行为合法化或公正化（意识形态上），促使这些敏感的、易受影响的（穆斯林）个体走向暴力极端主义。[②]

三、自上而下的极端化治理策略

基于上述认识，美国政府开始从打击、预防和教育三个层面着手“去极端化”，而此前的10年时间内，其一直奉行单纯依靠加强反恐法律和反恐情报的打击策略。2011年出台的《反暴力极端主义计划》(Countering Violent Extremism, CVE)为美国“去极端化”提供了一个三管齐下的框架。并且在几个月后辅之以一项战略实施计划《授权地方合作伙伴预防美国的暴力极端主义》（以下简称SIP）。该战略强调政府部门只能与美国穆斯林社区合作，并且通过授权美国穆斯林社区来反击和阻止“极端化”，因为穆斯林最了解他们的孩子、家庭和邻居。[③]

---

① ［美］L. 纳克斯著：《反恐原理》，陈庆等译，社会科学文献出版社2016年版，第143页。

② Peter Bergen and Bruce Hoffman, “Assessing the Terrorist Threat,” Bipartisan Policy Center (September 10, 2010), pp. 23-25.

③ White House, Empowering Local Partners to Prevent Violent Extremism in the United States (August 2011), p. 6.

此项战略的重点包括：第一，以社区为基础，形成自下而上的反暴力极端主义体系；第二，政府机构与执法部门中"去极端化"专家的参与；第三，加强"去极端化"宣传，特别是通过互联网和社交网站上对美国理想"多元主义"和宗教自由进行宣传。在联邦政府中，国土安全局（DHS）、司法部（DOJ）和联邦调查局（FBI）都已经积极参与。

（一）《反暴力极端主义计划》的目标设定①

《反暴力极端主义计划》包含3个一级目标、8个一级目标分解后的二级目标以及相对应的落实二级目标的48项具体行动部署。

目标一：辨识风险社区。辨识易成为暴力极端组织传播极端主义思想的社区，加强联邦政府与该风险社区的互动，并提供支持。

首先，加强联邦政府与社区的互动深度、宽度和频次，强调关系构建不应仅局限于安全问题，而应包含对社区所关心的多方面的诸如公民权、个人隐私权、教育就业等一般社会问题的积极回应。国土安全部和司法部组成联合工作组，与地方检察官办公室共同负责推动高风险社区与其他社区的互动和交流；建立联邦调查局反暴力极端主义协调办公室，并与联合工作组共同就反暴力极端主义相关话题开展公共教育和提高大众意识等公共活动。

其次，充分发挥联邦政府作为促进者、召集者和信息源的作用，积极发展基层社区深度参与基层预防暴力极端化的项目和方案；加强联邦政府和基层政府及执法部门的合作；在信息、培训、资金等资源上给予基层社区大力支持，推动社区和社会慈善团体等建立合作关系。国土安全部负责开发"国土安全门户网站"，用于发布反暴力极端主义相关培训指导和研讨会报告等信息；国土部和国家反恐中心负责推动相关政府职能部门与公司企业关于暴力极端主义的信息交流，促使公司企业参与基层预防暴力极端主义项目。

目标二：专业能力建设。加强政府和执法机构预防暴力极端主义的专业能力建设。

首先，支持对暴力极端主义的学术研究，积极与国外政府部门、学

---

① 此部分参考 White House, Empowering Local Partners to Prevent Violent Extremism in the United States (August 2011). 张润菲：《美国国内的反极端化实践及其启示》，载《湖北警官学院学报》2014年第10期，第66页。

术单位及非政府机构的合作，提高对暴力极端主义的认知能力。国土安全部科学与技术研究中心继续加强对暴力极端主义的学术研究；国土安全部与联邦调查局、监狱管理局及国家反恐中心合作加强对新近被收容人员的排查，辨识被极端化的个体；加强联邦、州、地方三级相关部门之间关于被收容人员极端化情况的信息交流。

其次，加强联邦政府与州、地方政府和执法部门在关于恐怖主义与极端化安全问题上的认知交流和信息共享。国土安全部负责对当前有价值的关于极端化问题的研究及去极端化的有益实践经验进行筛选，形成摘要汇编；国土安全部、联邦调查局及国家反恐中心加强与地方政府及执法部门关于暴力极端主义的信息共享。

最后，开设标准化的培训课程，共享反暴力极端主义的现有实践经验。国土安全部负责在现有的联邦执法人员培训课程框架内设计和制订预防暴力极端主义专门培训课程，提高联邦执法人员对暴力极端主义的认知能力和应对能力；国土安全部负责筹建内部评审委员会，对现有及未来培训项目的内容、文化竞争力及参与度进行质量评估；国土安全部加强与欧洲安全及执法部门就预防暴力极端主义相关培训、社区警务、信息共享等事务的交流和合作。

目标三：意识形态对抗。在思想意识形态战线上，积极推行美国主流文化和价值观念以对抗暴力极端主义的意识形态入侵。

首先，增强基层社区直接抵御极端主义思想意识入侵的能力。司法部、国土安全部等负责在国家反恐中心 2010 年推行的“社区意识简报”的经验和基础上，继续推广公众教育相关项目，提高美国一般民众对极端化威胁的防范意识。

其次，加强与美国一般民众的交流，提高大众意识。国土安全部等定期向国会、智库及有关媒体提供极端化威胁动态简报；建立公共网站专门发布社区韧性建设和预防暴力极端主义的相关信息。

最后，充分利用新的技术手段，应对暴力极端分子利用网络和社交工具传播极端主义思想。有鉴于网络在极端主义思想传播和渗透中扮演的重要角色，该执行方案建议建立专门的预防网络极端化战略。

（二）执法机关构建社区合作体系

2011 年《反暴力极端主义计划》是在 2010 年国土安全部咨询委员会的建议基础上形成的，秉承了国土安全部打击暴力极端分子的基本宗旨：支持当地社区，支持地方执法部门及理解暴力极端主义。① 虽然国土安全部谨慎地提出他们要关注所有形式的（各种意识形态的）激进化极端主义，但其关注的重心仍然是阿拉伯穆斯林社区、南亚穆斯林社区和锡克教社区。② 在建立社区信任的倡议下和在与联邦调查局合作的时间里，国土安全部已经建立了新的社区通信网络和普通的社区圆桌会议，以便帮助给以社区人员政府政策和公民权利的教育，同时也关注社区人民的担忧和不满。

公民权利与自由办公室（the Office for Civil Rights and Civil Liberties，CRCL）也使得国土安全部的反暴力极端主义计划在社区得到延伸拓展。该办公室负责管理“社区事件协调小组”（the Incident Communication Coordination Team，ICCT），这是一个遇到紧急情况时召集社区领导和联邦政府官员召开会议的专门机构。国土安全部与“全国反恐中心”（the National Counterterrorism Center）、地方执法机构、社区领导人定期开展针对暴力极端分子和“归国战士”的社区重塑演练（Community Resilience Exercises），旨在通过社区努力重塑暴力极端分子和“归国战士”的意识形态。同时，也在重点社区展开持续交流，与社区居民讨论“归国战士”，或者对“危险个体”（有高度可能性成为暴力极端分子的个体）提供帮助，以避免其实施恐怖行为。③

除此之外，为了贯彻实施《反暴力极端主义计划》的第二个目标“加强政府机构与执法部门中去极端化专家的参与”，国土安全部也与各州和主要城市的情报交流中心合作创建了一个专门“分析中心”，旨在汇集、分析和共享地方警察部门，一线执法人员、联邦国土安全部以及联邦调查局的极端主义“危险性”信息。④ 最终，国土安全部研究和

---

① Homeland Security Advisory Council，“Countering Violent Extremism（CVE）Working Group，”（Spring 2010），http：//www. dhs. gov/xlibrary/assets/hsac_ cve_ working_ group_ recommendations. pdf.

② Homeland Security Advisory Council，“Countering Violent Extremism（CVE）Working Group，”（Spring 2010），http：//www. dhs. gov/xlibrary/assets/hsac_ cve_ working_ group_ recommendations. pdf.

③ Executive Office of the President of the United States，Strategic Implementation Plan for Empowering Local Partners to Prevent Violent Extremism in the United States（December 2011）.

④ Department of Homeland Security，“Countering Violent Extremism，” http：//www. dhs. gov/topic/counteringviolent-extremism.

概括了“危险个体”激进化的演变过程及社区警务在其中的角色作用，并将这些“研究成果”传达到各级政府手中。

在实施《反暴力极端主义计划》的过程中，联邦司法部也在强调检察官的作用。在战略实施计划中，联邦检察官的角色是“代表美国检察官支持和促进社区参与”。联邦检察官负责与穆斯林社区、锡克教社区就某些当地特殊的情况和问题召开会议。①

由于《反暴力极端主义计划》的实施不可避免地涉及公民的民主权利和反种族歧视（被定义为对上述少数群体的歧视犯罪）问题，因此，联邦司法部的人权办公室（Civil Rights Division）负责每两个月召开一次会议，召集其他联邦机构进行商讨。司法部的社区关系中心（Community Relations Service）已经派遣冲突解决专家化解了50多起种族歧视事件。根据时任联邦司法部部长（同时也是联邦总检察长）埃里克·霍尔德所说，在2012年至2014年间，美国联邦检察官在他们各自的辖区内已经参与了不下1700起类似事件的行动，如参加每年一度的晚宴、清真寺的开放、讲座和会议，以加强和促进执法机构与穆斯林和锡克教人之间的文化理解和交流。②

与此同时，同样隶属于美国联邦司法部的联邦调查局，也在其各个分支部门中创建了“社区延伸计划”（Community Outreach），最终形成了长期性的“社区领导委员会”“社区关系训练计划”（Community Relations Training Programs，CREST）以及中学特别探员计划，联邦调查局的探员与重点关注社区的学校合作，教导学生成为守法公民。这些计划的实施旨在让联邦政府与穆斯林社区之间建立起永久的、值得信赖的沟通渠道。应该说，联邦调查局的这些计划是极具价值的，因为美国联邦调查局的规模庞大且分布广泛，在全美拥有60多个办事处和104个反恐任务小组。此外，针对上述“社区延伸计划”，联邦调查局还专门成立了一个“社区延伸计划小组”，小组成员还包括了精通穆斯林，南

---

① Dep DOJ, “Ten Years Later: The Justice Department after 9/11, Partnering with the Muslim, Arab, and Sikh Communities,” http://www.justice.gov/archive/911/partnerships.html Department of Homeland Security, “Community Engagement,” http://www.dhs.gov/community-engagement.

② Department of Justice, Office of Public Affairs, “Attorney General Holder Urges International Effort to Confront Threat of Syrian Foreign Fighters,” Press Release (July 8, 2014).

亚和锡克教社区语言和文化的专家。[①]

地方警察，尤其在穆斯林人口高度集中的城市和州（如纽约、迪尔伯恩市、洛杉矶、帕特森、新泽西和费城）的地方警察局也有专门部门负责“社区延伸计划”。在美国超过17000个参与反恐的执法机构中，纽约警察局的情报部门与洛杉矶警察局穆斯林社区事务处在实施“社区延伸计划”激进化调查（侦查）和社区警务方面经验丰富，被认为是执法机构的楷模。

2014年联邦司法部部长埃里克·霍尔德宣称联邦司法部将与白宫、国土安全部、国家反恐中心合作开展一系列新的、跨越全美国的《反暴力极端主义计划》实施试点项目，除联邦执法机构的参与（社区延伸计划）之外，还积极号召包括地方政府、地方执法机构、市长办公室、私营企业、地方服务机构、学术部门等各种性质的组织团体参与，波士顿、洛杉矶和明尼阿波利斯因具有应对“极端化”的经验成为首批试点的城市。[②] 应该说，这是美国反暴力极端主义政策导向的重大转变。

自2011年《反暴力极端主义计划》开始实施以来，美国实施的是由联邦政府主导的自上而下的反极端化策略，由国土安全部和联邦司法部牵头，通过社区延伸计划将政府的反极端化策略推行到社区。而2014年的试点项目，则广泛调动了影响极端化形成的社会各界力量，除了传统的政府机构之外，也注意到了私营企业、教育机构及其他社会团体的作用。[③] 但是，需要注意的是，这种由政府延伸到社会的政策仅仅是在几个城市试点，并没有像英国“预防战略”那样在全国普及，因此其效果和作用是比较有限的。

（三）互联网防范极端思想传播

极端主义的存在具有思想基础，即极端主义思想。随着传媒手段的多样化，极端主义思想也更容易传播和扩散。因此，美国政府将加强“去极端化”的思想宣传作为《反暴力极端主义计划》的第三个重点，

---

① FBI, “Adopt-a-School-Program,” https://www.fbi.gov/news/stories/2015/january/adopt-a-school-program-part-2becoming-a-junior-special-agent (July 30, 2015), p. 39.

② Department of Justice, Office of Public Affairs, “Attorney General Holder Announces Pilot Program to Counter Violent Extremists,” September 15, 2014.

③ A Framework for Prevention and Intervention Strategies, February 2015, 3, pp. 6-7.

尤其从互联网和社交网站入手，减少和防止极端主义思潮的侵蚀。[①]

对极端分子或恐怖分子来说，所有其他形式的通信工具，包括印刷品和广播，给他们提供的机会与网络相比都相形见绌。网络是传播极端主义或恐怖主义宣传和仇恨言论的一个绝佳载体，极端分子或恐怖分子通过网络赞美他们行动中的“英雄”和“烈士”，加强与支持者之间的联系，策划暴力袭击行动，招募新成员和筹集资金。与其他形式的通信方式不同，互联网的全球覆盖率使得全世界志趣相投的组织和人们了解彼此的存在并能互相交流。互联网融合了信息技术的各种方式文字、音频、视频，恐怖组织或极端组织利用了所有这些方式。[②]

尽管在美国，存在各种传播极端思想的途径，但“圣战”时代最迅猛的传播者却是互联网。由于互联网的传播，激进的“‘圣战’信息”几乎无所不在。[③]“圣战”分子通常利用四种具体方法传播极端思想和“圣战”恐怖主义：其一，建立论坛，提供发布关于“圣战”自由的媒介；其二，建立电子邮件列表，以和志同道合者分享信息；其三，发布或通过电子邮件传播“圣战”素材和新闻；其四，建立网站报道“圣战”具体事项，如“圣战者”的新闻、穆斯林战俘等。安瓦尔·奥拉基是一名出生于也门的美国公民，他曾在也门的藏匿之处利用互联网歌颂反美“圣战”，并招募“圣战”分子实施美国境内的袭击事件。他在自己命名的“圣战”网站上鼓励其他人效仿其行为，成为“圣战”战士。在他自制的宣传册上写着，互联网已经成为一个伟大的媒介，用以发布“圣战”的号召并借此了解“圣战者”的行为。[④]

2011 年《反暴力极端主义计划》实施后，美国政府主要从以下几个方面加强网络宣传与预防工作：

首先，建立网络空间的多元主义氛围。互联网创造了思想与话语更少的聚居区，极端主义的声音在这里被无限放大，温和派的反对意见被极端主义观点所淹没。在此情况下，极端主义和争议观点不存在公开争

---

① The Los Angeles Framework for Countering Violent Extremism, February 2015, pp. 7-8;

② ［美］L. 纳克斯著：《反恐原理》，陈庆等译，社会科学文献出版社 2016 年版，第 390 页。

③ Building Community Resilience Minneapolis-St. Paul Pilot Program, February 2015, p. 5.

④ ［美］L. 纳克斯著：《反恐原理》，陈庆等译，社会科学文献出版社 2016 年版，第 390 页。

论的空间。类似于回音室般的极端主义论坛，有成千上万的用户在网络论坛争论关于极端主义的战术和策略，但很少有人质疑对方声音的合理性，于是极端主义在这里被不断强化。因此，政府支持执法部门、公众和极端主义受害者进入网络世界，直接广泛地接触实际或潜在的极端分子，并与之展开讨论和对话，使极端分子充满虚伪的谎言和阴谋论不攻自破，在实际或潜在的极端分子思想中播下怀疑的种子，劝阻他们不要从事暴力活动。①

其次，通过社区和民众参与展开宣传。《反暴力极端主义计划》的核心内容是通过强化基层社区和家庭抵御极端主义思想侵蚀和影响的韧性能力，达到预防包括基地组织及其附属机构等从思想意识形态上蛊惑、诱导美国一般民众和组织的目的。美国国家反恐中心委员会创建圆桌会议会见穆斯林，制作穆斯林社区反极端化意识的简报，简报中明确列举极端组织以美国年轻人为目标实施的极端化策略、极端化宣传的内容和形式，以此呼吁家长关心孩子们的网络活动。②

最后，与互联网企业合作加强网络宣传。2015 年年底发生在法国巴黎的系列恐怖袭击事件和美国圣贝纳迪诺枪击案③，促使美国加大打击“伊斯兰国”宣传战的决心与力度。圣贝纳迪诺恐怖袭击者法鲁克的推特账号和穆斯林兄弟联盟、叙利亚自由军官方账号、叙利亚革命组织相关联，但因为其没有和“伊斯兰国”有社交媒体上的联系而未被察觉。他的同谋是他的妻子，塔什芬·马利克，一个巴基斯坦人，曾于 2012 年在网络上公开声称她是“圣战”分子的同情者。这位女枪手在袭击过程中一度通过社交媒体向“伊斯兰国”表示效忠。

基于上述惨痛的教训，2016 年年初，美国国土安全部和司法部联合组建“反暴力极端主义工作组”，负责整合及协调全美各机构打击极端主

---

① 刘挺：《美国去网络极端化的实践及启示》，载《国际研究参考》2015 年第 12 期，第 25 页。

② Dina Temple Raston, “Minnesota Unveiling Plan to Counter Recruiting by ISIS,” NPR, September 9, 2015, p. 3.

③ 2015 年 12 月 2 日上午 11 时左右，美国加州南部小城圣贝纳迪诺县公共卫生部正在举办一次年末聚会，身处中心所在大楼内的人数以百计。聚会进行期间，袭击者赛义德·法鲁克（美国居民，一位曾在沙特阿拉伯生活过的具有巴基斯坦血统的虔诚穆斯林）“愤怒离场”，稍后与 27 岁的妻子塔什芬·马利克返回现场并开火。造成 14 人在枪击中死亡，22 人受伤。这是美国近 3 年来死伤最严重的枪击事件，事后被美国官方定性为恐怖袭击。

义的资源和行动。打击极端组织网络宣传的重担很大一部分落在了互联网企业肩上。2016 年 2 月初，美国司法部、国家安全委员会等多个部门邀请了近 50 家技术企业和社区团体高层，共商如何遏制极端组织的网络攻势，互联网企业表示将对宣扬极端暴力的内容采取零容忍政策。①

然而，在社交媒体上与极端组织展开攻防战的难点在于，仅仅关停账号和对消极言论进行揭露批驳是不够的，重点在于如何对付极端组织利用网民心理的虚伪宣传。美国乔治城大学极端主义项目研究员伯杰提醒，政府与互联网企业的堵截措施确实提高了极端组织进入社交媒体吸纳新成员的难度，但还做不到完全斩除其网络存在。对于已经进入到社交媒体空间的极端组织支持者而言，越来越孤立的网络环境可能会加快他们走向极端的速度。②

四、美国治理极端化策略的争议与批判

由白宫制定的《反暴力极端主义计划》也遭到了不少批评，尤其在政府选择穆斯林合作伙伴问题上的批评意见指出，政府选择的穆斯林社区合作伙伴（这是社区参与型反极端化策略的关键元素之一）主要都是全国性的穆斯林组织领导人，他们并不能代表穆斯林社区，而且因为其他事务缠身也不能很好地履行“合作伙伴”（政府与社区联系纽带）的职责。而且，通过“社区延伸计划”在穆斯林社区中推行反极端化政策，不仅仅是对社区关系的象征性讨论，而是需要对政府和穆斯林社区进行实质合作关系的培养。

最重要的是，批评者认为地方政府和联邦政府之间缺乏协调者。尽管战略实施计划（SIP）为了提升联邦层面各政府部门之间的协调程度，而专门成立了司法部与国土安全部领导下的国家任务协调小组（DOJ-and DHS-led National Task Force），负责协调所有参与“社区延伸计划”的政府部门和机构。但是，却没有一个机构为战略计划的实施负责。战略目标的实现，资金的用途，措施的有效性等缺乏监督。除了联邦调查局和国土安全部之间本身存在竞争之外，联邦执法机构与地

---

① Jerome Bjelopera, “Countering Violent Extremism in the United States,” Congressional Research Service Report (February 19, 2014), 12; Vidino, “Counter-radicalization,” p. 253.

② 《美国重拳打击极端组织网络宣传》，载环球网 http://w.huanqiu.com/r/MV8wXzg5Mzg3MTZfMTM0XzE0NjM0NDEwMzI.

方执法机构之间还存在文化差异。因此，除了协调困境与问责真空，政府机构之间的传统信息分享机制也在掣肘战略计划的实施。一些批评意见认为，不应该只有一个机构负责，因为“任何一个美国政府机构都有必要成为有效对抗激进化的工具”。①

可以肯定的是，美国打击暴力极端主义的代表性方法是分化和不干涉，而并不像许多欧洲国家（包括法国在内）制订相应的国家计划一样。《反暴力极端主义计划》中并未明确政府应如何应对极端主义意识和极端主义事件。“战略实施计划”也仅仅是对计划实施的“初期”成就作出评价，即国家反恐中心“社区意识简报”（Community Awareness Briefings）对“圣战”招募方式以及最佳反恐实践与合作方式的研究与展望。②

美国为了更好地推行《反暴力极端主义计划》，实现社区参与型反极端化目标，制订了政府指导力量深入社区的“社区延伸计划”，但是该计划并没有取得预期效果。其主要原因在于参与社区的政府机构仍缺乏反极端化的专业性：其一，缺乏专业人员；其二，缺乏专业措施。③

社区的参与旨在地方政府的帮助下，通过社区参与的方式防止穆斯林个体极端化。这是一种典型的柔性反恐措施。但是，现有资料显示，美国没有在根本上使那些有激进观点和暴力倾向的人放弃政治上过激的立场，也没有从根本上阻止激进化的发生。国会研究中心（Congressional Research Service，CRS）在一份报告中指出：几乎没有联邦政府机构指导社区团体如何去干预那些容易极端化的个体。④ 这项计划本身并不提供任何正式的去极端化专业知识，也没有提供任何运用社区干预措施的指南，这意味着联邦、州或地方执法机关仍然采用了传统

① Vidino, “Explaining the Lack of an American Domestic Counter-radicalization Strategy,” (2014) available at http: //www. mei. edu/content/article/understanding-deradicalization-pathways-enhance-transatlanticcommon-perceptions-and-practices.

② Rohan Gunaratna, Jolene Jerard and Lawrence Rubin, Terrorist Rehabilitation and Counter-Radicalisation (New York: Routledge, 2011), p. 1.

③ Lorenzo Vidino and Seamus Hughes, “Countering Violent Extremism in America: Program on Extremism,” Center for Cyber & Homeland Security at The George Washington University, June 2015, p. 9.

④ Michael Price, “Community Outreach or Intelligence Gathering?” Brennan Center for Justice at New York University School of Law (January 29, 2015), p. 63.

措施（如调查、逮捕、起诉）应对在传统领域潜在的极端化个体。因此，一旦这些潜在极端化个体转向暴力（极端主义），面对他们的必然就是警察。

同样地，白宫在2015年峰会（CRE）上强调了社区干预措施，但将它定义为“在个体从事犯罪活动前，旨在阻止激进化进程”的措施。根据白宫的策略，美国还必须运用广泛的管理模式（包括那些促进移民整合和公民参与，保护公民权利和提供社会服务的政策）来防止极端化：政府全部参与，整合传统的国家安全机构（如国土安全部、司法部等）和其他政府部门（如教育部、卫生部等）优势的一体化方针。[①]“战略实施计划”里也提到教育部和公众卫生服务部等政府部门拥有不少社区服务专业人士，而且在去极端化社区参与和社区服务中也扮演了一定角色。不过，这种“一体化”目标在实践中还没有得到贯彻实施，因为传统执法机构和司法机构仍然是“社区延伸计划”的核心“演员”。

就如同国会一份研究报告所提到的“战略实施计划”的关键应是提升反极端化的专业性。报告警告说：如果战略实施计划不能提高应对极端化的专业性，而只是起到执法培训的作用，提升警察拘捕嫌疑人的能力，那么这些方式最终与一般反恐策略没有本质的不同，而不属于国家反极端化策略的组成部分。[②] 在现有的反极端化策略实施框架中，核心参与者联邦调查局，国土安全部和地方警察代表了国家安全利益，其主要关注的是反恐情报或信息的收集。可以看出，美国政府推行的“社区延伸计划”与美国政府部门传统的社区执法活动之间存在着根深蒂固的紧张关系。

2015年1月，明尼苏达州（上述“社区延伸计划”三个试点之一）的法官裁定阿卜杜拉·约苏夫，一位试图加入“伊斯兰国”的十几岁少年，到政府设立的去极端化场所“中途之家”接受改造。阿卜杜拉只能离开家庭，和律师、联邦执法人员和宗教学者待在一起。期间，一个非营利机构“腹地民主”对其实施严密的监督。阿卜杜拉要

---

① Seamus Hughes, “The Rise of Radicalization: Is the U. S. Government Failing to Counter International and Domestic Terrorism?” Hearing before the U. S. House of Representatives Committee on Homeland Security, July 15, 2015.

② Jerome Bjelopera, “American Jihadist Terrorism: Combating a Complex Threat,” Congressional Research Service Report (January 23, 2013), pp. 48-49.

定期会见一位历史教师兼矫正导师，在导师的鼓励下，他需要阅读和讨论被精心挑选出来的文章、诗歌、树立正确价值观和信仰的书。这个试图从意识形态上去极端化的试验案例一直受到政府相关部门的密切关注。但可惜的是，时隔数月，阿卜杜拉因“安全问题”被送回监狱。一次对激进少年的反极端化试验终以失败而告终。①

与英国等其他西方国家相比，美国的反极端主义措施被认为是更强硬的，甚至是“暴力”的。法官和检察官为了顺利竞选其职位，通常会对公众承诺其严守正义、严守法律的坚强决心，拘留和长时间的羁押被认为是保护遵纪守法公民的安全以及阻止潜在恐怖犯罪嫌疑人的最佳措施。② 这也就是当阿卜杜拉被发现其在矫正期间并未放弃其激进思想之后，便被法官和检察官毫不犹疑的送回监狱的原因。

2011 年《反暴力极端主义计划》出台之前，美国政府对于极端化个体采用两种截然不同的态度：一种是基于美国宪法第一修正案中公民享有言论自由的精神，不干涉宗教问题，对极端化个体不采取任何实质性措施；另一种是把认为有“安全”风险的极端化个体长期拘禁起来。这两种对策都引发了许多争议，而《反暴力极端主义计划》正是从中寻求的第三条道路。③ 但是，柔性干预措施的核心难点在于如何从意识形态上区分某个激进个体仍保留其极端化思想或已经放弃其极端化思想，这个重要的临界点该如何确定与辨识。基于国家安全目的考虑，为了保险起见，至少目前为止，大多数美国执法官员或司法官员仍然倾向于采取刚性措施反暴力极端主义。第三条道路——柔性去极端化策略，在美国的路走得并不顺畅。

---

① Dina Temple-Raston, “Minnesota's Radical Experiment in Jihadi Rehab,” The New Yorker, May 15, 2015; Mitch Smith, “Minnesota's Somali-Americans Urge New Treatment for Would-Be Terrorists,” New York Times, July 8, 2015.

② Scott Shane, “Homegrown Extremists Tied to Deadlier Toll Than Jihadists in the U. S. Since 9/11,” New York Times, June 25, 2015.

③ Farah Pandith, “The Rise of Radicalization: Is the U. S. Government Failing to Counter International and Domestic Terrorism?” Hearing before the U. S. House of Representatives Committee on Homeland Security, July 15, 2015.

第八章　路径发展："马赛克"社区参与模式

通常而言，人都有家庭，且家庭又处于社区之中，这一点，暴力极端分子也不例外。绝大多数本土暴力极端分子都拥有自己的家庭，且居住在某个社区中，因此，无论其家庭是否与之沆瀣一气，但社区都具有降低恐怖袭击发生风险的"潜力"。本土暴力恐怖主义的出现基于多方面的原因："精神领袖"的煽动、群体的带动作用、极端化的必然发展趋势等，但在这些复杂的因素中，社区其实被忽略掉了。在一个宗教极端分子演变为暴力极端主义者的过程中，社区具有一种优先识别功能，尽管不是所有的社区都能起到这样的识别作用。

马赛克式社区参与模式（Mosaic of Engagement）旨在遏制暴力极端主义与激进化，减少其对地方公共安全与国家安全的威胁。尽管一些社区导向型警务（Community Oriented Policing）模式已经获得了成果，但是马赛克参与模式则强调将所有的利益相关者作为平等的合作伙伴。这种模式最初致力于减少街头黑帮与恐怖主义，经过几十年的研究和实践发展而成。在最终形成阶段利用并结合了其他类似成果中的良好经验和关键活动。"这些工作专注于中小学生，因此大都能够在学校完成。只要纳入公共安全防御框架，减少本土暴力极端分子①的努力就可事半功倍，一方面可以减少犯罪与暴力行为，另一方面也可保障孩子与整个社区的安全。"②

---

① 笔者注：欧洲的激进主义，在美国语境中称为暴力极端主义。

② Brumfield, B. (23 February 2013). Four Somalis in U. S. found guilty of supporting terrorists back.

一、英国激进化治理模式的吸收与借鉴

为了减少本土伊斯兰民众被“基地组织”招募或激进化的风险，为了预防本国遭受类似美国经历的恐怖袭击，英国政府于2006年出台了“预防”策略。该项策略的核心在于关注激进化、预防“基地组织”的招募（而不仅仅在于对本土暴力极端分子的侦查），并认识到社区在反恐斗争中的重要性。按照英国安全与反恐办公室负责人查尔斯·法尔所说，“预防”策略对一个国家而言，我们既不能无视于我们面对的恐怖主义威胁，也不可能将自我保护达到威胁完全解除的程度。

20世纪与21世纪之交，“基地组织”在英国的广播媒体网络大肆渲染伊斯兰与西方世界的固有冲突。① 1996年和1998年，本·拉登在一份以伦敦为基地的报纸（Al Quds al-Arabia）上分别宣布了他所谓的“教令”——向犹太复国主义者和西方十字军宣战。

在“9·11”恐怖袭击发生之后，上述信息在公众论坛中变得越来越盛行，越来越多的极端主义传教士以波西尼亚穆斯林所遭受的压迫、阿尔及利亚和车臣被征服进行煽动，并在2003年英国入侵伊拉克时达到顶峰。英国的极端主义分子阴谋策划实施本土袭击，并且前往交战地区对抗美英联军。英国政府意识到国家内部存在的问题以及立足国家本土防卫工作的重要性，由此推出了“预防”策略。尽管应对英国潜在生长的暴力极端分子的方法是具有创新性和洞察力的，但是“预防”策略最初也面临着若干批评。

首先，“预防”策略中关于激进化的概念，缺乏一个一致且清晰的界定。在“预防”策略中，对潜在的本土暴力极端分子仅仅从宗教信仰的角度加以定义。②

其次，狭隘的聚焦于穆斯林：最初的策略看似是专门针对穆斯林社区，这具有一种先天不足的假设性质，即在英国具有参与本土暴力极端

---

① Nacos, B. L. (2007). Al - Qaeda's Propaganda Advantage and How to Counter It. Perspectives on Terrorism, Vol. 1, No. 4. http://www.terrorismanalysts.com/pt/index.php/pot/article/view/14/html.

② Kundani, A. (2007). Spooked. Preventing Violent Extremism - Winning hearts and minds. Department for Communities and Local Government, Preventing Violent Extremism Pathfinder Fund: Guidance Note for Government Offices and Local Authorities in England.

活动潜在风险的只有穆斯林。所有穆斯林都被打上“潜在风险”的烙印，而其他可能参与极端暴力活动的组织则被忽视掉了。①

再次，“预防”策略实施的途径与方法：该策略的实施是以特定地区、具有一定人口规模的穆斯林社区为对象，其他一些风险因素（尤其是国内一些其他的极端主义来源）未纳入其中。因此“预防”策略被认为是一项旨在“监视穆斯林”的政策。②

最后，“预防”策略实施的负面后果：将穆斯林人群作为一个统一的社区，并把所有穆斯林视为怀疑对象（不考虑其行为因素），“预防”策略在不经意间已经创造了一种不信任关系。一方面，该策略试图获得穆斯林社区的参与和支持，但另一方面也可能因穆斯林对英国政府的怨恨为极端主义的招募活动提供有利的环境。

鉴于“预防”策略原始版本（2005 年实施，2006 年正式命名）的若干缺陷，负责移民、安全与执法工作的英国内政部于 2011 年对该策略进行了重新审查，通过咨询、小组讨论和在线调查问卷收集了海量数据。最终形成的结论是：原有的“预防”策略对穆斯林社区的关注毫无帮助，穆斯林社区受到的偏见和歧视反而会导致极端主义的进一步发展。此外，“预防”策略实际实施过程中的资源分配也并没有建立在激进化风险的基础之上。总之，“预防”策略混淆了政府试图以加强团结来预防恐怖主义的意图。③

审查结束后，英国内政部对“预防”策略进行了一系列修订，该策略的宗旨修改为：第一，回应恐怖主义和极端主义意识形态上的挑战；第二，提供切实可行的帮助预防人们卷入恐怖主义和极端主义，并确保其得到适当的建议和支持；第三，通过与教育、刑事司法、宗教、慈善机构、互联网和卫生部门的合作，减少激进化风险。④ 这些都是英

---

① Omand, Sir David（2012）. The Terrorist Threat to the UK in the Post－9/11 Decade. Journal of Terrorism Research, Volume 3, Issue 1. http://ojs.standrews.ac.uk/index.php/jtr/article/view/412/371.

② Dodd, V.（2009）. Government anti－terrorism strategy “spies” on innocent. Guardian: http://www.guardian.co.uk/uk/2009/oct/16/anti-terrorism-strategy-spies-innocents.

③ Council on Foreign Relations（2011）. UK Counterterrorism Strategy, 2011. http://www.cfr.org/counterterrorism/uk-counterterrorism-strategy-2011/p25325.

④ Home Office website. Prevent strategy 2011. http://www.homeoffice.gov.uk/publications/counter-terrorism/prevent/prevent-strategy/.

国预防本土暴力极端主义政策的重要改进，较之最初政策存在的认识错位，为美国社区参与型模式提供了有利的借鉴经验。

尽管“预防”策略存在诸多缺点，但是从 2005 年开始到 2010 年，其仍然成为了西方国家广泛学习的反激进化策略。丹麦、澳大利亚和加拿大也运用了这种模式，在德国和瑞典的反恐政策中，也吸收了该种模式的一些可取之处。① 因为“预防”策略是利用社区参与的方式来干扰激进化进程的原型和催化剂，英国的这项计划为其他国家提供了一个难得的案例研究，美国从中受到启发：一个类似的以社区为基础的框架是否可以在美国实现呢?

二、美国“马赛克”参与模式的产生

如本书前面章节所述，激进化或本土暴力极端主义可能产生于各种各样的意识形态、不满情绪以及所处社区。美国圣地亚哥市的城市高地地区不断变化的人口数据显示：大量来自于非洲和亚洲国家人口的涌入以及已有拉丁帮派的存在，该地区的激进化以及暴力极端分子的招募呈现出持续增长的趋势，而且已经在社区出现实例。如 2013 年，城市高地的 4 个居民因支持恐怖组织“索马里青年党”被控有罪。②

城市高地位于加州圣地亚哥市的东部，种族多样化既是该地区的特色和活力来源，也成为其最突出的弱点。城市高地是一个商业与民居结合的地区，包括 16 个截然不同的、人口稠密的居民区。③ 城市高地是美国种族多元化的典型代表地区之一，包括土生土长的美国人以及外来移民。超过 40%的移民来自拉丁美洲、亚洲和非洲，许多人初来乍到，有一些人则来自衰落的国家。仅有 63%的成年人拥有高中文凭，33%的人英语不够流利，还有 27%的人生活比较贫困。根据 2009 年的数据显示，该地区居民的家庭年均收入为 26232 美元，有 28%的家庭年收入不

---

① Bipartisan Policy Center（2011）. Preventing Violent Radicalization in America. National Security Preparedness Group, Washington, DC.

② Brumfield, B.（23 February 2013）. Four Somalis in U. S. found guilty of supporting terrorists back home. CNN U. S. http：//www. cnn. com/2013/02/23/us/somalia-al-shabaab（Retrieved：27 April 2013）.

③ 16 个居民区具体包括 Corridor, Teralta West, Teralta East, Colima Park, Cherokee Point, Castle, Fairmont Village, Fox Canyon, Chollas Creek, Azalea Park, Swan Canyon, Islenair, Hollywood Park, Ridgeview, Fairmount Park andBayridge.

到 1.5 万美元，其他 30%家庭的年收入则在 1.5~2.9999 万美元。简而言之，该地区一半的社区成员都来自于困境之地，并且在美国正面临着新的社会与经济挑战。

城市高地是一个陈旧的居民区，曾几何时犯罪率持续上升。经济衰退时期，该地区几乎被抛弃。但在 1992 年，索尔·普锐斯，普锐斯俱乐部及飞马集团的创始人，借由圣地亚哥市的智能发展战略赋予这个地区新的活力。[①] 该项目试图通过社区多样化即社区参与度方式改善居民的生活品质，以此解决犯罪、教育、城市发展与经济提升等问题。

2012 年 1 月，在普锐斯慈善基金会（非营利公共组织）、普锐斯家族慈善基金（私人家族基金）与城市高地社区的共同努力下，城市高地"安全倡议"正式出台。在圣地亚哥大学赞同式组织中心（Consensus Organizing Center）的引领下，安全倡议集中于减少犯罪并帮助人们建立社区安全感。为了实施这个倡议，圣地亚哥市将慈善机构作为联系节点。

这是一种"社区指标"模型的代表形式，即赋予那些非营利组织，通过自发的努力，利用其与政府和商业组织之间的联系，提高生活品质的水平。这是一种特别有效的方法，因为其可以尽量避免研究讨论中的一些政治性结论或偏激的观点。而且，如果这种方法经过实践证明并不可行，资助则会停止。举例而言，如果评估者宣称谋杀案发率减少，但同时暴力犯罪与财产犯罪案件却相应增长，这就说明此种方法并没有获得真正的效果。对于政策制定者而言，不能只把视野局限于某个方面，而应站在一定的高度通观全局。

最初，该项目的领导层与利益相关者会面，为为期两年的实施过程做好准备。社区代表、执法人员、学者、政策制定者，以及来自于各个组织不同部门的领导人召开了一系列会议。大家合力完成了安全倡议的基本框架。一开始，将利益相关者分为四组，以明确和排列安全问题的优先顺序并制订相应的行动计划。

为了迎合社区的需求，项目组进行了一系列的资产测绘、居民访谈、安全考察和犯罪统计分析。两个月之后，项目组公布其调查结果：尽管犯罪与帮派暴力是居民关注的热点，但绝大多数影响社区居民生活

---

① City Heights Safety Initiative website. http：//www.safecityheights.org/about-us/ourhistory.

品质的问题则是一些看似琐碎的事情，如垃圾桶数量不足、需要滑冰场和斑马线等。利用环境设计预防犯罪成为解决上述问题的首要方式。利用环境设计预防犯罪是一种研究公共安全以及通过环境设计阻碍犯罪行为的跨学科方式。①

回顾从“预防”策略转变为美国特定的“马赛克”模式可以发现，城市高地模式中某个委员会（组织者）的重要性不能被过度夸大。任何有效计划（项目）的第一步都是应由参与民众确定和认定该地区存在的问题。如前所述，英国以反恐为焦点的努力付诸东流的一个重要因素就是没有将提升社区生活品质作为战略的核心要点。这些要点可以推动公众对安全问题的讨论，这也是社区对本土暴力极端主义的谈话基础。当利益相关者认识到公共安全是社区生活品质的一个重要因素时，这种共识可以为减少暴力极端分子招募和激进化提供最好的机会。暴力极端分子的招募与激进化都无法逃脱社区成员的“慧眼”，这些都可以成为信息来源。②

三、“马赛克”参与模式的运用

本土暴力极端主义的威胁不会自行消失，除了执法与情报工作可以制止策划好的暴力极端主义阴谋实施以外，社区在维护国家安全方面也可起到重要作用，即政府通过与社区合作，使暴力极端主义止步于其形成的第一阶段，这就是“马赛克”参与模式。如前所述，激进化是边缘化个体在一定意识形态及环境作用下形成的产物。环境（如社区）最容易受到积极影响以减少本土暴力极端主义的风险。好的环境可以提升社会道义、责任和社区正义感，并采取相应措施，致力于解决社区面临的持续挑战。③

作为个体的人基于各种动机和不满（如身份冲突、不公正待遇、压迫与社会经济排斥等）通过不同的激进化道路转变为暴力极端分子。这些都有可能是面临一个全新社会（如城市高地）的移民所要面对的

① Kelling, G. L. and Wilson, J. Q. (March 1982). Broken Windows. The Atlantic. http://www.theatlantic.com/magazine/archive/1982/03/broken-windows/304465/.

② Lorenzo, V. (2010). Countering Radicalization in America, Lessons from Europe.

③ Borum, R. (2011). Radicalization into Violent Extremism I: A Review of Social Science Theories. Journal of Strategic Security, Volume 4, Issue 4 2011.

问题，尽管每个社区根据各自的人口、居民构成及其他特点的不同而呈现出差异化。“如同我们知道个体的不满情绪能够导致本土暴力极端主义的产生，我们也应该注意到预防激进化策略的有效性也依托于其所实施的具体环境，如城市高地面临的挑战，也不同于美国其他的风险社区”。[①] 马赛克参与模式必须注意其实践社区的特殊性。

回顾“预防策略”，它的一个主要错误在于策略实施之前没有邀请利益相关者（穆斯林社区）判断和决定该地区面临的独特挑战。再者，对“预防策略”的评估也是在该策略实施受到广泛的批评之后才进行的。社区的持续参与不仅可以更好地识别“预防策略”关注的领域，而且还能不断地反馈信息，这对于完善该策略本身也是至关重要的。英国是在“预防策略”实施的几年后，已经产生资金不足和社区隔阂问题时才注意到这个问题，而美国的“马赛克”模式则引以为戒，在计划实施初期就打下了良好的社区基础。

（一）“马赛克”模式的理论基础

“马赛克”模式的目标是以社区为基础，通过减少极端分子招募的风险、激进化和其他相关犯罪活动来提升生活品质。实现这一目标的唯一途径就是吸引利益相关者以社区联盟形式积极参与，并在创建安全社区必须减少本土暴力极端分子的问题上达成共识。社区联盟的形成依赖于以社区为基础的“软权力”[②]（Soft Power）和“毛细血管权力”（Capillaries of Power）。

“软权力”是通过吸引而不是强迫或付出来实现目标的。[③] 当然，任何社区的居民都希望获得安全感。为了实现这个目标，这些群体会利用其内在联系共同努力。因此针对社区的政策应该体现出有利于实现这个目标的价值，以增强其对社区民众的吸引力。以美国人的志愿者精神

---

① City Heights Safety Initiative website. http：//www. safecityheights. org/about-us/.

② “软权力”概念由美国学者约瑟夫·奈（Joseph Nye）提出：它是一种“影响别人选择的能力，如有吸引力的文化、意识形态和制度”。奈指出，有很多种影响他人行为的方式，既可以通过威胁和奖励他人，也可以通过吸引他人，来达到自己的目的。前者是运用“硬权力”，后者是施展“软权力”。“硬权力”指的是通常同诸如军事和经济力量那样的具体资源相关的“硬性命令式权力”，“软权力”指的是与诸如文化、意识形态和制度等抽象资源相关的、决定他人偏好的“软性同化式权力”。

③ Nye，J. S.，Jr.（2004）. Soft Power，The Means to Success in World Politics. Public Affairs，New York，NY.

为例，2012 年美国“国家与社区服务公司”（Corporation for National and Community Service，CNCS）的一项报告显示：超过 6400 万的美国人志愿在正规组织中义务服务五年。其志愿服务的动力来源于为达到某种理想结果产生的合作精神，而不是强迫其改变自身行为。[①] 然而，不幸的是，犯罪组织（如帮派组织、极端组织和恐怖组织）也意识到他们可以利用“软权力”来获得支持并招募新成员。“软权力”战争中“自我组织”将起到决定胜负的作用。社区驱动式努力是至关重要的，政府驱动的“硬权力”会阻碍利益相关者的参与，因其在参与过程中缺少一种主人翁的感觉。[②]

法国哲学家、社会学家米歇尔·福柯[③]通过图表描述了驱动“软权力”达到理想效果的具体过程，他的理论强调了权力的本质以及发挥功能的方式。[④] 福柯的“毛细血管权力”对于实施以社区为基础的安全策略具有一定的启发意义。政府通常采用议会中等级森严的、由上至下的方式，而“毛细血管权力”方法论则假设个体——基于其在组织或社区框架中的地位，才是减少负面问题的积极因素。因此，对负面问题的控制不是一个简单的“以强对弱”的命题，而是个体与其他组织共同努力的结果。福柯指出：我们已经充分了解权力的本质，但我们还应该审视权力在由上而下科层结构中的传递方式和效果。[⑤]

---

① Corporation for National & Community Service（12 December 2012）. Volunteering Among Americans Hits Five-Year High，p. 15.

② Nye，J. S.，Jr.（2004）. Soft Power，The Means to Success in World Politics. Public Affairs，New York，NY.

③ 福柯的权力特征主要有两点：第一，权力是无主体的：权力问题的关键不在于谁（主体）掌握权力，一直淡化了权力由谁（主体）实施的问题。第二，权力是去中心化的。福柯主张，不要在权力的中心，在可能是它们普通机制或整体效力的地方，分析权力的规则和合法形式。只有在最边缘，权力最不明朗的地方，才能真正发现权力的运行的机制。

④ Kumar，K.（2009）Foucault，Disciplinary Power，and the“Decentering”of Political Thought：A Marxian View. http：//people. su. se/～ guarr/Ideologi/Kumar% 20on% 20Foucault% 20Disciplinary%20Powe r%20and%20the%20Decentring%20of%20Political%2 Retrieved：27 June 2013）.

⑤ Foucault，M.（1983）. Afterword：The Subject and Power. In Michel Foucault：Beyond Structuralism and Hermeneutics. 2nd ed. Edited by Hubert Dreyfus & Paul Rabinow. Chicago：University of Chicago Press，p. 36.

在福柯看来，权力不应呈现出统治群体主导的科层式施压结构。[①]相反，如果把社会看作一个人体，权力应通过社会的动脉和毛细血管加以循环流动。“权力是通过一个网络式组织行使的，不仅是个人间的循环，而且也是承担和行使权力的主体”[②]。这个组织就是建立在“毛细血管权力”概念上的邻里联盟（Neighborhood Alliance）。社区“毛细血管权力”指的是利益相关者本身成为权力的来源，根据城市高地地区的具体情况，就需要让社区居民选择组织、发动、识别和确定优先解决的方案。不幸的是，与“软实力”一样，“毛细血管权力”的概念也被极端分子和恐怖组织所利用，具有一致目标的自治组织与分散群体更易成为其招募对象。

（二）“马赛克”参与模式的运用

鉴于“预防策略”的审查结果，在美国运用“马赛克”参与模式是具有可能性的。如下所述：“马赛克”模式由六个关键阶段组成，尽管是线性关系，但却需要共同发挥作用。

第一阶段：确定范围。“马赛克”模式定位于社区范围内的全方位工作，社交媒体和其他技术将成为至关重要的组成部分。尽管互联网的出现为传播暴力极端主义带来许多便利，但是也有一些掣肘。随着互联网社交活动的日益增加，越来越多的人都不认识其邻居了，这可能有助于本土暴力极端分子的产生。个人居住关系的缺失，随着互联网组织与意识形态的靠近，对以社区为基础的工作提出了艰巨的挑战。事实上，由于互联网的首要功能之一就是加强人与人之间的联系，以及便利信息共享，两党政策中心写到“自 2001 年‘9 · 11’恐怖袭击之后，利用互联网煽动和招募本土恐怖分子是一项最重要和最危险的‘创新’”。[③]

无论激进化与成员招募是发生在互联网上还是社区中，实施“马赛克”策略都需要对抗极端分子的思想意识——通过私下接触、面对面互动的方式。联络人（“马赛克”策略的发起、实施方和社区之间的

① Frielick，S.（15 October 2006）. Capillaries of power. http：//www. flexilearn. com/？ p=9（Retrieved：28 April 2013）.

② Foucault，M.（1980）. Power/Knowledge：Selected Interviews and Other Writings 19721977. Edited by Colin Gordon. New York：Pantheon，p. 98.

③ Bipartisan Policy Center（2012）. Countering Online Radicalization in America. National Security Program，Homeland Security Project.

联络人）也是必不可少的，尤其在移民社区。举例而言，前述被定罪的3个移民青年在转变为暴力极端分子之前，就已经和各自的清真寺断了联系，这说明清真寺领导人对极端主义的解释和反对让这些年轻人已经意识到成为极端分子的后果——不再被社区接受。然而，尽管清真寺领导也和这几个年轻人交流和互动，但最终他们还是为了实现暴力热忱选择离开社区。

互联网的优势在实施“马赛克”策略中可以起到非常重要的作用（如网上调查问卷、网上咨询和电子邮件等），焦点小组[①]则可以为所有参与者提供真实的人际关系，这是“马赛克”模式的关键部分。在焦点小组帮助下的面对面交流可以达到影响一系列社会心理活动的效果，可能会产生如下重要的后果：个人参与程度增强，重要的非言语提示，个人对实施过程的承诺，根据群体需要调整目标议程的能力，以及最重要的是群体与群体间的接触机会。焦点小组的目标是引发（产生）一些理念和想法，而不是一定要达成共识。其经验与见识有助于界定社区的风貌与挑战。焦点小组的参与应当是一个动态的过程，在预设期限内持续保持兴趣、信息共享和关系的建立。[②]

第二阶段：达成共识。策略实施方与社区之间联络员的确定是至关重要的。正确的人聚集到一起工作，有利于社区运用其集体经验、能力和想法。这个过程将洞察和防范邻里安全的责任转移到了社区。如果能创建一个更加安全的社区，对减少本土暴力极端分子有直接的影响，就说明取得了成果。个人和群体提高和维持安全环境的行为表明，这些社区都应通过加强个体之间对安全需求的联系去遵循共同的“社区规范”。尽管暴力极端主义是一个范畴较大的社会问题，但是家庭仍起到重要作用，尤其当家庭都秉承一个共同的社会安全观念时。相关研究表明，家庭关系能够影响人们重新考虑是否加入恐怖组织或极端组织。[③]

达成共识阶段是在运用“软权力”的观点，通过创建和维持安全

---

① “马赛克”项目中由赞助实施方组织成立的直接负责与社区联络、共同讨论并确定待解决事项的工作小组。

② The City of San Diego, Redevelopment Agency, City Heights website. http://www.sandiego.gov/redevelopment-agency/cityhts.shtml.

③ Jacobson, M. (January 2010). Terrorist Dropouts, Learning from Those Who Have Left. The Washington Institute for Near East Policy, p. 31.

社区的共同目标形成邻里联盟。这并不意味着一定要发展新团体或新组织，“风险个体”和社区可以与现有的联系社区与政府关系的组织一起共建社区安全。这些组织包括公民自由与隐私组织（ACLU）、社区安全组织（邻里守望，Neighborhood Watch）、消防部门、社会服务组织、宗教信仰组织、中小学和大学、医疗机构、青少年与少年犯服务组织、缓刑与假释机构、当地企业和运输部门。①

每一个团体都有识别和确定社区面临挑战的权力。为了确保达成共识的工作具有合法性和可能性，应非常谨慎地阐释其具体过程和适配性。如果过程和结果已预先确定，那么过程实施的合法性就可能面临巨大的风险。英国由于缺乏利益相关者的参与，使已有的“伊斯兰恐惧症”更加恶化，导致在“预防”策略实施中有关穆斯林社区的政策遭到质疑。尽管该策略的目标是获得“风险社区”（穆斯林社区）的支持，但穆斯林认为这是一种鼓动告密者的做法，让穆斯林在其所在的社区提供情报，让每个穆斯林都可能成为怀疑对象。② 但如果有社区的充分参与，则可以减少这种负面影响。

“马赛克”策略实施方与社区达成一致协议需要建立共识，即让利益相关者确定并决定亟待解决的问题或焦虑。共识意味着所有参与者对结果都满意，因为其已被设计为满足所有利益相关者的需求。在社区安全中，共识既包括分享信息——关于“邻里安全”的实时信息共享，也包括委派“社区发言人”作为社区代表直接与执法机构官员联系。③ 俗话说：“你不可能任何时候取悦所有人。”本着民主精神（也是从现实层面讲），达成共识的目标就是从绝大多数利益相关者那里获取支持和赞同。只要实现一个目标，就会产生连锁反应：大家齐心协力明确和回应暴力极端主义给社区带来的挑战。

第三阶段：执行措施。尽管经济也会对一些犯罪尤其是重复犯罪、

---

① Task Force on Confronting the Ideology of Radical Extremism（March 2009）. Rewriting the Narrative：An Integrated Strategy for Counter-radicalization. Washington，D. C.：Washington Institute for Near East Policy.

② Richards，A.（2011）. The problem with ‘radicalization’：the remit of ‘Prevent’ and the need to refocus on terrorism in the UK. International Affairs，87：1.

③ The City of San Diego，Redevelopment Agency，City Heights website. http：//www. sandiego. gov/redevelopment-agency/cityhts. shtml.

暴力犯罪产生重要影响，但是“马赛克”模式的成功取决于社区的参与程度，有效的参与可以减少负面因素的影响。采取执行措施的标准需要具体问题具体分析，如对于学生应更多考虑其年龄而不是旷课情况；对于某个特殊年龄群体，应更多考虑就业情况而不是与帮派组织关联的违法事件；要更多考虑加入课后补习班的人数，而不是跟警察打交道的不法事件。每一种措施都能为邻里安全提供更多的机会去共享提升生活品质的资源，这比起关注于犯罪活动的负面后果更加有价值和更有鼓舞性。① 这种方式有别于传统的公共安全策略采取的措施。犯罪统计可以为实施过程提供直接的参考，但是社区邻里之间的凝聚力与持续努力可以为“马赛克”策略的实施提供内在动因，这会更加有效。

评估“马赛克”模式实施效果的方式应该是剖面性的、探索性的和创新性的。剖面评估能够在策略实施情况分析的前提下，对社区进行定向审视。公众安全挑战是处于变化之中的，要求实时统计信息并加以说明。以回顾性评估法研究过去的数据显然因其及时性不足而缺乏可行性和参考价值。前瞻性评估方式试图寻找最佳实践途径，干预性方式则在试图改变（或干预）计划或政策时起到作用。类似调研与市民面谈之类的措施也具有特定的积极意义。对反馈信息的分析有助于判断和决定是否需要调整和修订计划。这是实施过程中另一个非常重要的组成因素，可以使利益相关者在计划的执行、分析和修订中保持其主人翁的核心地位。②

第四阶段：社区参与。社区参与旨在贯穿“相互关心”的主题。从表面上看，犯罪率（尤其是极端主义组织招募）的降低或增加是衡量社区参与型策略是否取得成功的指标。但实际上，社区参与的程度才是是否能够取得成功的重要因素。这一点，英国的“预防”策略提供了经验和教训。英国的策略没有很好地贯彻社区参与的主旨，反而成为了“异化”穆斯林社区的工具。“预防”策略实施过程中，总是用“我们”和“他们”这样的表述方式将穆斯林族群隔离开来，由此形成了

---

① United States Department of Justice. Community Policing Defined, p. 3. http: //www. cops. usdoj. gov/Publications/e030917193-CP-Defined. pdf.

② Wholey, J., Hatry, H. and Newcomer, K. (Eds.), (2010). Handbook of Practical Program Evaluation (3rd Edition). Jossey-Bass, San Francisco, CA.

政府与穆斯林之间的敌对关系。① 启用焦点小组有助于确定社区面临的棘手问题，也可以辨别那些存在激进化风险或受其影响的人。在城市高地实施的社区参与项目，始于该地区的高犯罪率和其他相关帮派暴力犯罪。警察局会召集大家开会，针对急需解决的问题展开讨论，及时作出决定；焦点小组聚集在一起，谋求非营利组织的帮助。②

因此，无论“马赛克”策略在哪里实施，找到该地区的具体症结才是最有效的办法。例如，城市高地的参与项目本来是以解决安全问题为初衷，但策略成功实施也有利于减少犯罪和暴力极端主义。2001 年至 2010 年，城市高地的居民统计分析显示：1/3 的人口是 17 岁及以下的青年，1/2 的人口在 30 岁以下。但没有显示亚洲与非洲移民的持续增长，尤其是巴基斯坦和索马里移民成为影响安全的首要来源。③ 为了分析这些年龄群体对社区安全的重要性，城市高地开始将关注点放在学校，学校成为“马赛克”策略实施的有利环境，有利于减少未来公共安全挑战的风险。

如城市高地创制的“公园里的学校”以及以学校为基地的“健康中心”，学校象征着社区成员的安全“天堂”；城市高地社区的“家长中心”强调家庭问题。④ 在减少暴力极端主义风险的项目中，家庭支持是一个至关重要的因素。如前所述，每个潜在的恐怖分子都有家庭。分散的、无组织的社区会为激进化和暴力极端主义的招募创造“肥沃”的土地。相反，一个团结且可以给予家庭相关支持的社区，则可以在激进化形成的第一阶段加以干扰或阻止。如同大多数城市街面帮派一样，极端组织或恐怖组织也试图成为一个“家庭”，接纳和理解“成员”，并为之提供机会。这种组织为缺少组织和联系的社区边缘人群（风险个体）填补了空白。

---

① HM Government（2011）. Prevent Strategy：Equality Impact Assessment June 2011. Crown，London，UK. https：//www. gov. uk/government/uploads/system/uploads/attachment_ data/file/97979/pre vent-review-eia. pdf.

② The City of San Diego，Redevelopment Agency，City Heights website. http：//www. sandiego. gov/redevelopment-agency/cityhts. shtml.

③ City Heights Safety Initiative website. http：//www. safecityheights. org/

④ Hunter，R. and Heinke，D.（September 2011）. Perspective，Radicalization of Islamist Terrorists in the Western World. FBI Law Enforcement Bulletin. Information Sharing Environment website. http：//www. ise. gov.

第五阶段：信息共享。焦点小组、咨询活动及在线调研针对的公共安全问题应当在已构建的框架内获取并分享相关信息。例如，介绍社区当前犯罪情况和面临的风险；向社区介绍解决这些问题需采取的措施；发动社区一起致力于减少犯罪；介绍本土暴力极端主义的产生地（地方、州、国家及全球层面）；阐释哪些群体最易加入暴力极端主义及其原因；阐释社区哪些方面最需要得到反暴力极端主义的支持。

信息共享为什么至关重要？通过调研发现：城市高地报告的财产犯罪数量低于城市平均水平，这暗示有许多犯罪并没有报案。[①] 这种情况在移民社区中很常见，尤其是没有合法居住权的非法移民，他们会尽量避免引发关注其法律地位的活动。此外，从饱受战争蹂躏国家逃离的移民往往经历过残酷的警察执法手段（有时甚至会致人死亡），这已经形成一种对警察极不信任的文化。基于这些原因，社区生活中实际存在着比报告中更多的犯罪案件。通过信息共享，社区可以重视之前未被识别的公共安全威胁因素，由此提高干预和阻碍激进化与成员招募的能力。

不过，信息共享不仅仅是要识别存在的安全问题，其更重要的作用是扩散焦点小组的研究发现、建议和改进措施。“邻里联盟”可以在各个预设执行阶段接收和传播信息。社交媒体和其他在线交流等技术则可以运用于共享项目实施现状和性能评价状态等信息。

第六阶段：持续发展。瞬息万变的情况、持续衰退的热情也会影响许多社区居民持续关注公共安全项目。“普锐斯慈善基金会”与圣地亚哥州立大学志愿者合作，致力于进一步提升效能评估，并加强项目实施的持续性。这些志愿者不仅仅要完成社区安全倡议评估，更重要的是要训练居民自己成为评估者。

一些旨在减少犯罪与暴力极端主义的更重要的因素不是喊口号，而是要实实在在地实施。“软权力”与“毛细血管权力”的混合可以使“马赛克”策略的实施与评估不会偏离初衷。建立起连贯的信息传递机制非常重要，这可以充分运用社区的资源、专长和能力。宣言和口号（例如，让我们大家一起互相关心；让我们多看、多说、多想等）可以成为日常生活的一部分，是不分年代辈分的，尤其是社区共同创造其自

---

① Interview with City Heights Security Director（15 August 2012）.

身的座右铭时。① 另一种信息传播方式就是社区网站，城市高地开发了这种网站，其中囊括了大量的信息资源。这个网站最重要的功能就是宣传社区安全项目取得的成绩。②

然而，这样的网站和信息传播渠道对于那些没有网络的社区是行不通的。于是，“普锐斯慈善基金会”为城市高地的居民捐赠了 300 台计算机，并辅以必要的安全培训。③ 这种投资对于发展信任感、独立性和社区责任感是很有价值的。尽管互联网也可能会成为极端分子传播激进思想、发展极端分子的渠道，但是坚持以社区为导向的互联网安全工作，对于保护儿童免受网络的利用和激进化的影响是至关重要的。

四、降低风险面临的持续挑战

社区导向型警务模式是执法部门认识到其本身与其服务的社区在组织及文化方面已然脱节之后形成的。更确切地说，在过去的 20 多年中，以“结果为导向”的管理模式越来越盛行，随即又引发了一个核心问题，即谁在定义结果，并且其衡量的标准是什么。“社区警务是一种提升组织策略的哲学，这种组织策略有利于利用合作关系和解决问题的方法积极应对引发公共安全的突发情况，如犯罪、社会骚乱、犯罪引发的恐慌等”。④ 尽管意图是好的，但是社区导向型警务模式是一种政府驱动型参与模式，通常以政府优先考虑的因素如犯罪、其他恶行行为导向，而不是以“整个社区”为导向。

社区导向型警务解决问题的流程包括：浏览——识别和确定需优先解决的问题；分析——探究对该问题的认识；回应——制定能够持续减少问题数量和程度的方法；评估（Assessment）——评价回应措施成功与否。根据上述流程，可以运用“被害人—犯罪人—地点”三角法则测量公共安全的挑战。然而，当一些相关问题，如社区与商业的发展、医疗、失业、医疗卫生、移民焦虑和厌烦情绪等不能提上优先解决议程时，问题导向型警务模式就会缺乏最初的社区居民参与特征，其后也会

---

① City Heights Safety Initiative website. http：//www. safecityheights. org/.

② The City of San Diego，Redevelopment Agency，City Heights website. http：//www. sandiego. gov/redevelopment-agency/cityhts. shtml.

③ Price Charities website：http：//www. pricecharities. com/City-Heights-Initiative/.

④ Price Charities website：http：//www. pricecharities. com/City-Heights-Initiative/.

缺少热心居民的支持。对于本土暴力极端主义而言，反恐斗争的一个主要失败之处就在于减少风险的同时，忽视了社区关系以及生活品质的重要性。这正是英国遭受的一个惨痛教训，为此，其随后推行了“预防暴力极端主义策略”（Preventing Violent Extremism Strategy，以下简称，“预防”策略）。

“马赛克”模式部分源于英国的“预防”策略——后者在2005年开始实施时被认为是全球最好的反恐策略。然而，“预防”策略仍有不少缺陷，因为穆斯林社区被认为是具有招募本土暴力极端分子和激进化风险的唯一社区，故而对穆斯林社区产生了消极影响。基于英国的前车之鉴，美国学者认为，在已经明确了美国本土暴力极端主义的性质（基于动机、宗教和种族因素）的前提下，要将该“预防”策略有效运用于美国，就有必要扩展识别风险群体或个体的范围与方法。①

除了对英国穆斯林产生的消极影响，“预防”策略的另一局限性被认为是其作用主要限于评估（前述问题导向型警务流程中的一环，Assessment），并且对犯罪预防方面的评价功能也很有限。② 衡量一项策略的实施是否达到相应的效益（投入与产出是否成正比），宏观的标准是其对犯罪预防的总体作用，微观标准则是其对本土暴力极端分子招募与极端化的预防作用。“对于美国未来的战略计划，如马赛克模式而言，评价标准和原则必须明确到位，不仅仅是提供某项策略计划的有效性证明，而且还应防止那种在英国策略中看到的狭隘社区焦点。”③

引发本土暴力极端主义的内在因素多样化、差异化，至今也没有统一的解释。目前可以明确的是，本土暴力极端分子会具备基本的意识形态，并在此之上逐渐通过激进化轨迹形成暴力行为。无论其形成的环境是客观上的还是精神上的，极端分子都不会单独生存，在寻求答案和追寻目标的过程中，社区都有机会降低其变为暴力极端分子的风险。同样地，极端分子也在其生活的社区寻找机会，极端分子与社区其他成员的

---

① Johnston, K. (13 June 2011). Prevent Strategy 2011: the problem of universities. RUSI Analysis. http://www.rusi.org/analysis/commentary/ref: C4DF624BE8CCE8/#. URhZM45y5SUQ.

② Dodd, V. (2009). Government anti-terrorism strategy ‘spies’ on innocent. Guardian: http://www.guardian.co.uk/uk/2009/oct/16/anti-terrorism-strategy-spies-innocents.

③ Hunter, R. and Heinke, D. (September 2011). Perspective, Radicalization of Islamist Terrorists in the Western World. FBI Law Enforcement Bulletin.

接触可能会为其暴力极端主义思想创造繁衍的空间。[①]

近年来，尽管一些媒体关注着极端组织或恐怖组织（如“基地组织”）的威胁和国土安全部的努力，但是美国对恐怖主义的教育和认识仍然很不充分。首先，人们几乎不知道国家面临什么样的威胁，只有当执法人员与反恐专家对恐怖事件作出回应时，人们才会作为本能反应去了解。[②] 其次，人们很少有机会去掌握、计划并干预那些危害社区的活动。社区和政府作为同等的合作伙伴，可以建立一种体制，避免不负责任地指控邻居正在从事可疑活动。[③] 更重要的是，如果一项由政府发起的自上而下的预防暴力极端主义政策仅仅聚焦于社区性质（基于宗教或民族聚集的社区，如穆斯林社区），那么这项政策不可能取得成功，因为其并没有强调社区对公共安全的基本需要，也在潜意识中将那些可有效减低激进化风险的居民边缘化了。

从英国“预防”策略中学到的经验，以及美国在全国范围内开展的公共安全活动（如城市高地），可以为“马赛克”参与模式提供机会。[④]“马赛克”模式认识到极端分子意识形态的多样性，并根据不同社区的不同情况作出必要的灵活回应。“马赛克”策略实施的六个步骤需要非常关注和警惕一系列关键问题：社区在启动阶段的介入非常重要，在实施过程中建立信任关系非常重要。[⑤]

“马赛克”模式是否能取得成功取决于对如下关键因素的重视与回应程度：高风险人群组成移民社区的文化问题；主流人群对“风险”移民社区或目标社区资源分配的关注；为了参与调研与焦点小组在利益相关者之间建立信任关系；允许该群体用真正的以社区为基础方式和

---

① National Counterterrorism Center（June 2012）Radicalization Dynamics，A Primer，Washington，DC.

② Lorenzo，V.（2010）. Countering Radicalization in America，Lessons from Europe.

③ Martin，G.（2011）. Terrorism and Homeland Security. SAGE Publications，Thousand Oaks，California.

④ United States Department of Justice. Community Policing Defined，p. 15. http：//www. cops. usdoj. gov/Publications/e030917193-CP-Defined. pdf.

⑤ The City of San Diego，Redevelopment Agency，City Heights website. http：//www. sandiego. gov/redevelopment-agency/cityhts. shtml.

"草根"方式自我指导。① 尽管"马赛克"参与模式主要适用于成年人群，但是也有必要将其引入学校。让孩子们尽早了解安全的含义，建立稳固的家庭关系和社区自豪感。只要社区可以决定自身的活动、标准和回应，"马赛克"模式就不会被认为是政府收集情报的工具。

"马赛克"参与模式是建立在成功而非失败的经验——英国"预防"策略（尽管其产生了不少负面影响，但仍被西方国家认为是开创性的、成功的反激进化策略）之上。评估标准强调通过提高高中毕业率（相对应的是辍学率）或者暑期实习应聘率（相对应的是青少年逮捕率）建立社区自豪感。从事一些特殊活动尤其是有益的活动会让社区居民感觉非常良好。社区的凝聚力和国家的坚韧性能够抵制和减少本土暴力极端主义的风险。理解本土暴力极端主义的产生只是社区积极回应的第一步，社区有充分的能力对抗暴力极端分子的一切挑战。②

---

① Bipartisan Policy Center (2011). Preventing Violent Radicalization in America. National Security Preparedness Group, Washington, DC.

② Executive Office of the President of the United States. Strategic Implementation Plan for Empowering Local Partners to Prevent Violent Extremism in the United States. http://www.whitehouse.gov/sites/default/files/sip-final.pdf.

主要参考文献

一、中文参考文献

（一）中文著作

［1］［英］安德鲁·希尔克主编：《反恐心理学》，孙俊松等主译，中国政法大学出版社 2017 年版。

［2］［英］大卫·罗伊著：《警务反恐》，曹雪飞、李永涛译，公安大出版社 2017 年版。

［3］金宜久：《伊斯兰与国际政治》，中国社会科学出版社 2013 年版。

［4］［美］L. 纳克斯著：《反恐原理》，陈庆等译，社会科学文献出版社 2016 年版。

［5］中国现代国际关系研究院反恐怖研究中心编：《世界主要国家和地区反恐怖政策与措施》，时事出版社 2007 年版。

［6］张金平：《当代恐怖主义与反恐怖策略》，时事出版社 2019 年版。

（二）中文文章

［7］崔东：《法国反恐模式研究及对中国的启示》，西南政法大学 2016 年硕士学位论文。

［8］陈金：《英国穆斯林激进化原因探析》，北京外国语大学 2015 年硕士学位论文。

［9］陈杰军、徐晓天：《析宗教极端主义及其对国家安全的危害》，载《江南社会学院学报》2006 年第 3 期。

［10］方金英：《英国穆斯林激进化的根源——〈英国穆斯林〉介评》，载《现代国际关系》2005 年第 8 期。

［11］黄海波：《合力与平衡：略论英法两国国内穆斯林政策的调

整》，载《新疆社会科学》2013 年第 6 期。

[12] 李捷：《极端主义组织与认同政治的建构》，载《世界经济与政治》2017 年第 4 期。

[13]《去年杀 77 人震惊世界的挪威“独狼”杀人犯不认罪》，载资讯分享-价值中国网 http：//www. chinavalue. net/Story/2012-4-17/429948. html.

[14] 刘挺：《美国去网络极端化的实践及启示》，载《国际研究参考》2015 年第 12 期。

[15] 沈晓晨、杨怒：《试析反恐怖主义激进化的三个关键维度》，载《欧洲研究》2014 年第 3 期。

[16] 吴云贵：《当代宗教极端主义简论》，载《世界宗教研究》2017 年第 2 期。

[17] 严帅：《“独狼”恐怖主义现象及其治理探析》，载《现代国际关系》2014 年第 5 期。

[18] 张润菲：《美国国内的反极端化实践及其启示》，载《湖北警官学院学报》2014 年第 10 期。

二、外文参考文献

（一）外文著作

[20] Astrid Bötticher & Miroslav Mares，Extremismus. Theorien-Konzepte-Formen（München：Oldenbourg Verlag，2012）.

[21] Anthony Glees and Chris Pope，When Students Turn to Terror：Terrorist and Extremist Activity on British Campuses（London：Social Affairs Unit，2005）.

[22] Alex P. Schmid（Ed.），The Routledge Handbook of Terrorism Research（London：Routledge，2011）.

[23] Ake Sander，“The Status of Muslim Communities In Sweden，” In Muslim Communities In The New Europe，Ed. Gerd Nonneman，Tim Niblock，And Bogdan（Reading：Ithaca Press，1997）.

[24] Bruce Hoffman，Inside Terrorism（New York：Columbia University Press，2006）.

[25] Brachman，J.（2005）. Global Jihadism：Theory and Prac-

tice. London and New York: Routledge.

[26] Crawford, A. (2009). Introduction: The preventive turn in Europe. In Crawford, A. Crime Prevention Policies in Comparative Perspective. Devon: Willan Publishing.

[27] Cochrane, A. & Newman, J. (2009). Community and policy-making. In Mooney, G. & Neal, S., Community: Welfare, Crime and Society. New York: The Open University.

[28] Daniel Benjamin, Age of Sacred Terror: Radical Islam's War Against America (New York: Random House, 2003).

[29] Daalgard Nielsen, "What We Know," 806. Daalgaard-Nielsen points to the primary work of Petter Nesser, Jihad in Europe (Oslo: University of Oslo, 2004).

[30] Daniel Pipes, Militant Islam Reaches America (New York: W. W. Norton & Co., 2003).

[31] Farhad Khosrokhavar, Suicide Bombers: Allah's New Martyrs, Macey, D. trans., London: Pluto Press, 2005.

[32] Garland, D. (2001). The culture of control: Crime and Social Order in Contemporary Society. Chicago: University of Chicago Press.

[33] H. a. Hellyer, "Muslims of Europe: the 'other' Europeans" (Edinburgh: Edinburgh university Press, 2009).

[34] Husband, C. & Alam, Y. (2011). Social Cohesion and Counter-Terrorism: A Policy Contradiction. Bristol: Policy Press.

[35] Horgan, J. (2009). Individual disengagement: A psychological analysis, in Leaving terrorism behind: Disengagement from political violence, edited by T. Bjorgo & J. Horgan New York: Routledge.

[36] In Walter Reich (Ed.), Origins of Terrorism: Psychologies, Ideologies, Theologies, States of Mind (pp. 247-260). New York: Cambridge University Press.

[37] Murray, D. (2005). Neoconservatism: why we need it. London: Social Affairs Unit.

[38] Martin, G. (2011). Terrorism and Homeland Security. SAGE Publications, Thousand Oaks, California.

[39] Marc Sageman, Leaderless Jihad (Philadelphia: University of Pennsylvania Press, 2008).

[40] Marc Sageman, Understanding Terror Networks (Philadelphia: University of Pennsylvania Press, 2004).

[41] Paul Smith, The Terrorism Ahead: Confronting Transnational Violence in the Twenty-First Century (NewYork: M. E. Sharpe, 2008).

[42] Picador; Sageman, Marc. Understanding Terror Networks. Philadelphia: University of Pennsylvania Press, 2004.

[43] Stefano Allievi, "relations and negotiations: Issues and Debates," Muslims in the enlarged Europe: religion and society (Leiden: Brill, 2003).

[44] Wholey, J., Hatry, H. and Newcomer, K. (Eds.), (2010). Handbook of Practical Program Evaluation (3rd Edition). Jossey-Bass, San Francisco, CA.

（二）外文文章

[45] Anti-Defamation League. Radical animal rights magazine issues 2004 "Direct Action" report.

[46] Alex P. Schmid, "The Trouble with Radicalization," International Affairs, 89, 4 (2013).

[47] Bakker, Edwin. Jihadi Terrorists in Europe, Their Characteristics and the Circumstances in Which They Joined the Jihad: An Exploratory Study. The Hague: Clingendael Institute, 2006.

[48] British House of Commons, Report of the Official Account of the Bombings in London on 7th July 2005, ON-LINE, 2006, http://news.bbc.co.uk/1/shared/bsp/hi/pdfs/11_05_06_narrative.pdf (20 March 2008).

[49] Bierman, Noah; Halper, Evan (3 December 2015). "After shooting, Republicans want a 'wake-up call' on terrorism, Democrats on gun control". Los Angeles Times.

[50] Bergen, P. (2011). The Longest War, The Enduring Conflict Between America and Al-Qaeda.

[51] Borum, R. (2011). Radicalization into Violent Extremism I:

A Review of Social Science Theories. Journal of Strategic Security, Volume 4, Issue 4 2011.

[52] Bret Stephens and Joseph Rago, "Stars, Stripes, Crescent: A reassuring portrait of America's Muslims," The Wall Street Journal (online), (24 August 2005), http://www.opinionjournal.com/editorial/feature.html? id=110007151.

[53] Clark McCauley and Sophia Moskalenko, "Mechanisms of Political Radicalization: Pathways toward Terrorism," Terrorism and Political Violence (July 2008).

[54] Crenshaw, Martha (1990). Questions to Be Answered, Research to Be Done, Knowledge to Be Applied.

[55] Daniel Brown, quoted in "Look out, Europe, They Say: Islam, America and Europe," The Economist Vol. 379 Issue 8483 (24 June 2006).

[56] Daniel Pipes and Khalid Durán, "Muslim Immigrants in the United States," Center for Immigration Studies Backgrounder (August 2002).

[57] Dodd, V. (2009). Government anti - terrorism strategy 'spies' on innocent. Guardian: http://www.guardian.co.uk/uk/2009/oct/16/anti-terrorism-strategy-spies-innocents

[58] European Commission's Expert Group on Violent Radicalization, "Radicalization Processes Leading to Acts of Terrorism," May 15, 2008.

[59] Flock, Elizabeth (4 June 2013). Lawmakers: Neo-Nazi Movements Resurging in U.S., Europe. U.S. News.

[60] Fathali M. Moghaddam, "The Staircase to Terrorism: A Psychological Exploration," American Psychologist 60, 2, (2005).

[61] FBI website (2011). Sovereign Citizens A Growing Domestic Threat to Law Enforcement. FBI Counterterrorism Analysis Section.

[62] Gellman, B. (30 September 2010). The Secret World of Extreme Militias. Time Magazine.

[63] Houdt, F. van & Schinkel, W. (2013). Crime, citizenship and community: neoliberal communitarian images of governmentality. The Sociological Review.

[64] HM Government (2011). Prevent Strategy: Equality Impact Assessment June 2011. Crown, London, UK. https://www.gov.uk/government/uploads/system/uploads/attachment_ data/file/97979/pre vent-review-eia. pdf.

[65] Horgan, J. (2009) 'Assessing the Effectiveness of Current De-Radicalization Initiatives and Identifying Implications for the Development of US-Based Initiatives in Multiple Setting', National Consortium for The Study of Terrorism and Responses to Terrorism, http://www.start.umd.edu/start/research/investigators/project. asp.

[66] Hansen, K. (2008). The municipality between central state and local self-government: Towards a new municipality. Local Government Studies.

[67] Ibish, H. (2010). Muslim extremism stems from alienation. The Washington Post.

[68] Jerome Bjelopera and Mark Randol, "American Jihadist Terrorism: Combating a Complex Threat," Congressional Research Service Report (December 2010).

[69] James Fallows, "Declaring Victory," Atlantic Monthly Vol. 298, Issue 2 (September 2006): 65.

[70] Jacobson, M. (January 2010). Terrorist Dropouts, Learning from Those Who Have Left. The Washington Institute for Near East Policy.

[71] Kundani, A. (2007). Spooked. Preventing Violent Extremism-Winning hearts and minds. Department for Communities and Local Government, Preventing Violent Extremism Pathfinder Fund: Guidance Note for Government Offices and Local Authorities in England.

[72] Kelling, G. L. and Wilson, J. Q. (March 1982). Broken Windows. The Atlantic. http://www.theatlantic.com/magazine/archive/1982/03/broken-windows/304465/

[73] Look out, Europe, They Say: Islam, America and Europe," The Economist Vol. 379 Issue 8483 (24 June 2006).

[74] Lorenzo, V. (2010). Countering Radicalization in America, Lessons from Europe. Terrorism and Political Violence, Vol. 33.

[75] Morgan, D. (2010). Essential Islam: A Comprehensive Guide to Belief and Practice. Praeger.

[76] Mozingo, Joe; Serrano, Richard A.; Chu, Henry; Finnegan, Michael (14 November 2015). "As Paris reels from night of terror, investigators seek origin of attackers". Los Angeles Times.

[77] Mitchell Silber and Arvin Bhatt, "Radicalization in the West: The Homegrown Threat," New York Police Department (2007).

[78] Mark Sedgwick, 'The Concept of Radicalisation as a Source of Confusion', Terrorism and Political Violence, Vol. 22.

[79] Omand, Sir David (2012). The Terrorist Threat to the UK in the Post-9/11 Decade. Journal of Terrorism Research, Volume 3, Issue 1. http://ojs. standrews. ac. uk/index. php/jtr/article/view/412/371.

[80] Pozner, Jennifer (8 October 2006). Media Ignore Anti-Abortion Terrorists: WIMN op-ed in Newsday.

[81] Peter Neumann, "Europe's Jihadist Dilemma," Survival, Vol. 48, No. 2 (Summer 2006).

[82] Pew Research Center, Muslim Americans: Middle Class and Mostly Mainstream, ONLINE, 2007, http://pe-wresearch. org/assets/pdf/muslim-americans. pdf (27 March 2008).

[83] Richards, A. (2011). The problem with 'radicalization': the remit of 'Prevent' and the need to refocus on terrorism in the UK. International Affairs.

[84] Robert Leiken, "Europe's Mujahideen," Center for Immigration Studies Backgrounder (April 2005).

[85] Richardson, L. (2006). What Terrorists Want, Understanding the Enemy, Containing the Threat.

[86] Streusand, D. (September 1997). What Does Jihad Mean? The Middle East Quarterly, Volume IV: Number 3.

[87] Stuart Gottlieb, "Three Keys to Fighting Terrorism," The Hartford Courant (5 December 2008).

[88] Stern, Jessica (January/February 2010). Mind Over Martyr: How to Deradicalize Islamist Extremists. Foreign Affairs. Volume 89, No. 1.

[89] Sébastian Pietrasanta, "La déradicalisation, outil de lutte contre le terrorisme," Rapporteur du projet de loi relatif à la lutte contre le terrorisme (June 2015).

[90] Stormfront website (30 January 2002). KKK sees surge in recruitment following 9/11, state leader says.

[91] The City of San Diego, Redevelopment Agency, City Heights website. http://www.sandiego.gov/redevelopment-agency/cityhts.shtml

[92] Task Force on Confronting the Ideology of Radical Extremism (March 2009). Rewriting the Narrative: An Integrated Strategy for Counter-radicalization. Washington, D. C.: Washington Institute for Near East Policy.

[93] 'The terrorist threat in France has never been greater' ['La menace terroriste en France n' a jamais été aussi grande'], L' Express (11 September 2010), available online at http://www.lexpress.fr/actualite/monde/la-menace-terroriste-en-france-n-a-jamais-ete-aussigrande_918729.html (Accessed 20 June 2012).

[94] United States Department of Justice. Community Policing Defined, p. 3. http://www.cops.usdoj.gov/Publications/e030917193-CP-Defined.pdf.

[95] United Stated White House, The National Security Strategy of the United States of America, ONLINE, 2006, http://www.whitehouse.gov/nsc/nss/2006/nss2006.pdf (9 April 2008).

[96] White House, Empowering Local Partners to Prevent Violent Extremism in the United States (August 2011).

[97] Wiktorowicz, Quintan (2005). Radical Islam Rising, Muslim Extremism in the West. Terrorism and Political Violence, Vol. 21.

[98] Zeyno Baran, "Fighting the War of Ideas," Foreign Affairs (November/December 2005).